AF745002

Le droit a-t-il le droit de parler à notre place ?

LA PHILOSOPHIE EN COMMUN

Collection dirigée par S Douailler, J. Poulain et P. Vermeren

Nourrie trop exclusivement par la vie solitaire de la pensée, l'exercice de la réflexion a souvent voué les philosophes à un individualisme forcené, renforcé par le culte de l'écriture. Les querelles engendrées par l'adulation de l'originalité y ont trop aisément supplanté tout débat politique théorique.

Notre siècle a découvert l'enracinement de la pensée dans le langage. S'invalidait et tombait du même coup en désuétude cet étrange usage du jugement où le désir de tout soumettre à la critique du vrai y soustrayait royalement ses propres résultats. Condamnées également à l'éclatement, les diverses traditions philosophiques se voyaient contraintes de franchir les frontières de langue et de culture qui les enserraient encore. La crise des fondements scientifiques, la falsification des divers régimes politiques, la neutralisation des sciences humaines et l'explosion technologique ont fait apparaître de leur côté leurs faillites, induisant à reporter leurs espoirs sur la philosophie, autorisant à attendre du partage critique de la vérité jusqu'à la satisfaction des exigences sociales de justice et de liberté. Le débat critique se reconnaissait être une forme de vie.

Ce bouleversement en profondeur de la culture a ramené les philosophes à la pratique orale de l'argumentation, faisant surgir des institutions comme l'École de Korcula (Yougoslavie), le Collège de Philosophie (Paris) ou l'Institut de Philosophie (Madrid). L'objectif de cette collection est de rendre accessibles les fruits de ce partage en commun du jugement de vérité. Il est d'affronter et de surmonter ce qui, dans la crise de civilisation que nous vivons tous, dérive de la dénégation et du refoulement de ce partage du jugement.

Dernières parutions

Auguy MAKEY, *La philosophie négro-africaine en question. De l'euphorie à l'aporie*, 2025.

Jian DING, *Des principes de la philosophie pédagogique marxiste*, 2024.

Le droit a-t-il le droit de parler à notre place ?

LA PHILOSOPHIE EN COMMUN

Collection dirigée par S Douailler, J. Poulain et P. Vermeren

Nourrie trop exclusivement par la vie solitaire de la pensée, l'exercice de la réflexion a souvent voué les philosophes à un individualisme forcené, renforcé par le culte de l'écriture. Les querelles engendrées par l'adulation de l'originalité y ont trop aisément supplanté tout débat politique théorique.

Notre siècle a découvert l'enracinement de la pensée dans le langage. S'invalidait et tombait du même coup en désuétude cet étrange usage du jugement où le désir de tout soumettre à la critique du vrai y soustrayait royalement ses propres résultats. Condamnées également à l'éclatement, les diverses traditions philosophiques se voyaient contraintes de franchir les frontières de langue et de culture qui les enserraient encore. La crise des fondements scientifiques, la falsification des divers régimes politiques, la neutralisation des sciences humaines et l'explosion technologique ont fait apparaître de leur côté leurs faillites, induisant à reporter leurs espoirs sur la philosophie, autorisant à attendre du partage critique de la vérité jusqu'à la satisfaction des exigences sociales de justice et de liberté. Le débat critique se reconnaissait être une forme de vie.

Ce bouleversement en profondeur de la culture a ramené les philosophes à la pratique orale de l'argumentation, faisant surgir des institutions comme l'École de Korcula (Yougoslavie), le Collège de Philosophie (Paris) ou l'Institut de Philosophie (Madrid). L'objectif de cette collection est de rendre accessibles les fruits de ce partage en commun du jugement de vérité. Il est d'affronter et de surmonter ce qui, dans la crise de civilisation que nous vivons tous, dérive de la dénégation et du refoulement de ce partage du jugement.

Dernières parutions

Auguy MAKEY, *La philosophie négro-africaine en question. De l'euphorie à l'aporie*, 2025.

Jian DING, *Des principes de la philosophie pédagogique marxiste,* 2024.

Juan Carlos Quintero Calvache

Le droit a-t-il le droit de parler à notre place ?

De l'animisme juridique à la légitimité du vrai

L'Harmattan

Du même auteur :

Problemas de legitimitad en la justicia transicional en Colombia

(Santiago de Cali, 2016)

Édition L'Harmattan, 2025

5-7, rue de l'Ecole-Polytechnique, 75005 Paris

http://www.editions-harmattan.fr

ISBN : 978-2-336-49960-4

EAN : 9782336499604

TABLE

Introduction..9

I. DÉMOCRATIE ET DROITS DE L'HOMME : UNE COMPENSATION PAR LA PERTE DU JUGEMENT COMMUN À L'ÂGE DU CAPITALISME PRIVÉ....15

1 Assomption anthropobiologique de la démocratie.......16
2 La démocratie représentative comme théodicée du capitalisme libéral...28
3 La démocratie consultative de l'Ecole de Francfort : Tiers Sacré du capitalisme libéral.....................................43

II. LA LIBERTÉ DE JUGEMENT COMME LÉGITIMATION DU VRAI CONTRE L'ANIMISME JURIDIQUE...65

1 De la rationalité communicative au sujet sans responsabilité...68
2 La production de la liberté et l'exercice de l'autonomie 71
3 De la dépendance du jugement à la prosopopée verbale 76
4 La dépendance aux raisons discursives du consensus 85
5 Des considérations biologiques sur la faculté de jugement chez Jakob Johann von Uexküll.......................95
5.1. Une notion biologique de la façon dont la faculté de jugement existe et évolue chez les êtres humains............97
5.2. Les différentes idées du monde dans la même espèce 102
5.3. La résistance à l'universalisation des idées du monde dans la même espèce.. 104

III. LE DISCOURS PRAGMATIQUE COMME CAUSE DE LA CRISE DE LA LÉGITIMITÉ INSTITUTIONNELLE 107

1 Légitimité sans jugement et jugement anticipé de vérité 107
2 La pragmatique transcendantale dans la légitimation de normes. Des fondements de la légitimité normative 120

IV. LES PRINCIPES COMME RUPTURE DE LA LÉGITIMITÉ CIRCULAIRE POSITIVISTE 125

V. LA LOI DE VÉRITÉ COMME PRINCIPE DE LÉGITIMATION DU JUSTE ET DU VRAI 145

CONCLUSION 169

Bibliographie 177

Introduction

La vitesse à laquelle le monde évolue ne donne pas le temps de s'arrêter à penser le rôle des individus dans la validation des institutions politiques et des normes juridiques, ni celui des formes par lesquelles elles sont validées et par lesquelles sont également légitimées les fonctions des appareils bureaucratiques. Il n'y a pas non plus de temps pour penser si le monde dans lequel ce rôle est vécu, est réel ou simulé à travers des discours publics.

L'être humain est tellement surchargé de tâches qu'il a abandonné l'exercice de sa propre faculté de jugement critique en déléguant à des instances externes la recherche de la vérité et l'objectivation des choses du monde. Ainsi, on juge en son nom de tout ce qui se passe dans le contexte social et l'on en dérive une seule et unique vérité, une vérité qui ne sera remise en question par personne. Aussi l'être humain reste-t-il obligé d'accepter la vérité que promeuvent ces discours par rapport aux états de choses du monde en général.

Les processus de légitimation des institutions politiques et de leurs normes juridiques sont ainsi en dehors de la portée des partenaires sociaux et se développent dans les instances formelles qui remplissent en même temps un double rôle : celui de juge et de partie, autrement dit, les normes et les institutions politiques sont légitimées par leurs propres institutions bureaucratiques qui font donc la loi en créant les institutions politiques. Dans ces circonstances, quel est le rôle du partenaire social dans la construction du monde commun ?

À présent que les individus réclament plus de participation dans les décisions de grande importance, apparaît dans cet espace politique bureaucratique le problème d'un sujet politique qui entend décider de questions qu'il n'a jugées ni dans leur contenu ni dans leurs implications. Ce sujet décide sans savoir ce qu'il décide.

Les implications d'une participation démocratique dépourvue de jugement critique de la part des partenaires sociaux sont visibles, par exemple, dans les résultats des consultations populaires du *Brexit* pour l'Union Européenne et dans les processus de paix en Colombie, dans tous ces cas dans lesquels la majorité des citoyens a décidé sans savoir où aller et en ne sachant que très peu de choses quant au contenu des propositions sur lesquelles ils s'exprimaient.

Ces problèmes sont liés, d'un côté, aux processus d'objectivité performative des discours pragmatiques et, d'un autre côté, au modèle de légitimité positiviste des normes et des institutions politiques. Dans les deux cas, les partenaires sociaux ne peuvent pas juger de ces discours puisque le contenu de vérité qu'ils contiennent a été au préalable préjugé par ceux qui produisent ces discours. C'est la raison pour laquelle les partenaires sociaux sont contraints d'accepter ces contenus comme étant vrais.

Le modèle démocratique actuel ne laisse donc aucune place aux partenaires sociaux pour juger de la vérité qui est présupposée dans la loi et dans les institutions politiques elles-mêmes. Cet animisme juridique, inscrit dans les lois, n'autorise pas que le jugement de vérité instituant propre aux partenaires sociaux remplace le jugement anticipé de vérité qui est déjà incorporé de force dans les discours institutionnels.

Notre exposé entend proposer une sortie éventuelle du problème posé par l'exclusion des partenaires sociaux dans le processus de légitimation des normes et des institutions qui se produit dans le processus de légitimation actuel, qui est à caractère positiviste. Pour ce faire, nous nous référerons à la théorie de la *loi de vérité* développée par Jacques Poulain et en ferons l'axe central de notre argument.

Pour cela, nous montrerons premièrement, que, dans le cadre des droits de l'homme, la liberté individuelle d'expression, d'opinion et de développement personnel fonctionne comme un mécanisme de compensation érigé en raison de la perte du jugement critique dans le contexte d'un modèle démocratique qui est fait à la mesure du capitalisme privé. Deuxièmement, nous verrons que la théorie de la communication de Jürgen Habermas qui entend pallier à cette déficience, contribue à neutraliser le jugement critique des partenaires sociaux dans leur processus de participation à l'espace public, en limitant la légitimité des normes et des institutions par un *consensus anticipé* et aveugle, d'où les individus sont exclus du processus de discussion délibérative. Troisièmement, nous parcourrons l'éventail des implications du discours pragmatique dans la légitimité de normes et des institutions politiques, pour le stigmatiser comme le discours qui juge d'avance, avant toute expérience, de la vérité et de l'objectivité des situations sociales. Puis, nous formulerons une notion de principe fondée sur l'approche de l'exercice du jugement critique des partenaires sociaux comme élément qui permet de proposer une variante dans le processus de légitimation des normes et des institutions politiques. Finalement, nous démontrerons que la *loi de vérité* fonctionne comme le seul principe de légitimité des normes et des institutions qui permette de dépasser la crise de légitimité des processus normatifs de création des institutions politiques et des normes sociales.

Le problème sous-jacent dans l'exercice de ce pouvoir est la propagation d'une maladie qui affecte directement le jugement critique des partenaires sociaux et les condamne à vivre dans un monde complètement objectivé par les discours pragmatiques des institutions politiques et bureaucratiques. Cette maladie bloque toute possibilité pour l'individu de pouvoir reconnaître ce qui existe au fond de ces discours et de leur résister en les confrontant à la réalité qu'ils produisent. Car les individus n'y parlent pas avec leurs propres mots : ils utilisent les « éléments de langage » choisis par les institutions officielles, par les multimillionnaires, par les agents des corporations syndicales ou encore par les dirigeants des partis politiques ou des sectes religieuses qui déterminent leurs jugements et leurs pensées. L'être humain est ainsi tout bonnement condamné à retourner à un animisme culturel et à ne faire parler que ces discours, en devant se contenter d'y adhérer et en croyant que ces discours parlent à sa place et en sa faveur.

Porteurs d'une faculté de juger neutralisée par les discours pragmatiques, les partenaires sociaux n'ont pas besoin de sortir de ces discours pour expérimenter le monde. Car ces discours pragmatiques fournissent d'ores et déjà à l'homme la possibilité de s'expérimenter lui-même d'une manière pleine, et de s'expérimenter avec autrui à partir du contenu propositionnel des discours pragmatiques. C'est pourquoi, la légitimité des normes et des institutions n'a aucun besoin du concours des partenaires sociaux dans le contexte actuel. L'homme ne juge pas plus de sa relation dialogique avec autrui qu'il ne juge des institutions politiques et des normes qui vont régler ses relations avec d'autres individus et avec son environnement.

Cette forme de légitimité exclusive des institutions politiques recourt à l'ordre juridique pour assurer sa validité et sa mise en vigueur à l'intérieur de l'ordre social établi sans qu'on ait à savoir si elle est acceptée ou non de la part des citoyens. Cependant ce qui se manifeste aujourd'hui, c'est que cette forme de légitimation est en crise. Des phénomènes politiques comme le *Brexit*, le référendum dans les îles Malouines et le plébiscite des accords de paix en Colombie, montrent que les individus veulent être écoutés, prendre part aux décisions relatives aux problématiques qui sont pour eux d'importance vitale : ils veulent à tout prix intervenir réellement dans le processus de légitimation des prises de décision politique.

Mais la participation des partenaires sociaux dans le processus de légitimation rencontre de nos jours un grave problème hérité de l'expérimentation totale de l'être humain opéré à l'aide du discours pragmatique et des *consensus anticipés* que ces discours imposent : les individus y ont tendance à se fonder sur des jugements d'ordre religieux ou nationalistes et se laissent davantage guider par la haine que par des réflexions critiques qui soient réellement d'ordre politique, économique ou social. En Colombie par exemple, la majorité des citoyens qui a voté lors du référendum pour la paix a dit non aux accords sur la fin de la guerre entre le gouvernement et le groupe de guérilleros des FARC-EP, alors que la plupart d'entre eux étaient stimulés par des sentiments de haine envers les chefs du groupe armé qui a émergé de la campagne de la part du parti de l'opposition. En fait, seuls 3 % des votants avaient lu l'accord dans sa totalité. Dans le cas du *Brexit*, la majorité des votants ne connaissaient même pas les raisons pour lesquelles ils étaient en faveur de la sortie du Royaume Uni hors de l'Union européenne.

Bien que les individus réclament de plus en plus de participation aux processus de légitimation, leur faculté de juger n'en continue pas moins de rester neutralisée par le monde simulé, par le monde construit à partir du discours pragmatique. Notre proposition sera de mettre en exergue un modèle de légitimité qui lie la *loi de vérité* énoncée par le philosophe Jacque Poulain comme principe général de légitimité des institutions politiques et des normes, pour montrer qu'on peut dépasser grâce à elle les difficultés psycho-sociales qui minent la stabilité et la validité de l'ordre institutionnel et légal, et qu'on peut ouvrir ainsi une perspective de légitimité légale et les formes de participation authentique.

Il ne s'agit pas pour autant d'assurer que les individus participent au processus de légitimation des normes et des institutions politiques, car cela n'empêche pas que ces électeurs y soient alors aussi manipulés qu'ils le sont dans les consensus *anticipés qu'on leur impose*. Mais ce qui nous importe, c'est bien plutôt que les partenaires sociaux y jugent de la vérité des énoncés par lesquels ils entendent juger de leurs conditions sociales de vie en objectivant en commun leur monde politique et social, car c'est en jugeant de cette vérité qu'ils pourront se reconnaître comme des agents capables de créer en commun une réalité qui les implique, en reconnaissant comme vrais les discours institutionnels par lesquels ils objectivent eux-mêmes ce monde.

I

La démocratie et les droits de l'homme : un système de compensation dû à la perte du jugement commun dans le capitalisme privé

Evoquons, pour commencer, une position d'Alain Badiou, celle par laquelle il résume le concept contemporain du modèle de démocratie : *« Le terme de "démocratie" est, aujourd'hui, l'organisateur principal du consensus, dans lequel on cherche à réunir sous ce mot autant la démolition des États socialistes que le bien-être supposé de nos pays, ou les croisades humanitaires de l'Occident. »*[1]

Dans ce chapitre, nous mettrons en évidence le fait que les imaginaires institutionnels qui gravitent autour du modèle de la démocratie représentative, dépouillent les individus, d'une manière presque imperceptible, de la faculté de juger en commun des situations du monde qu'ils partagent dans un espace commun. Nous montrerons que ces imaginaires institutionnels jugent et décident au préalable des événements relatifs au monde social au nom de ces individus, ce qui amène à remplacer le jugement individuel par des jugements universels imposés.

La démocratie représentative y fonctionne donc comme un extra-organe qui compense la spoliation de la faculté de juger, en réalisant les jugements et les désirs des partenaires sociaux qui vivent dans un monde commun, et en les jugeant de manière anticipée par les orientations du superpouvoir qui émerge du modèle économique capitaliste libéral et de sa mondialisation économique et politique.

---

[1] Badiou Alain. *Dos ensayos de metapolítica,* Acontecimiento N°17, 1–9, 1999. Repris de www.grupoacontecimiento.com.ar.

Ainsi, la démocratie et les droits fondamentaux accomplissent-ils une fonction instrumentale au service du capitalisme privé qui compense la perte d'autonomie des individus par le fait de juger par consensus de la légitimité du monde social et politique, apparu à l'âge de la mondialisation.

Le capitalisme libéral adopte donc la démocratie représentative comme générant un modèle politique de confiance pour assumer l'orientation de la vie de l'individu sans avoir à lui arracher par la force la faculté de juger et de décider de son monde. Dans un premier temps, nous présenterons la base anthropobiologique du modèle de démocratie participative à partir de la théorie d'Arnold Gehlen. À travers cette dernière, nous pourrons mettre en évidence la façon dont les individus renoncent à l'orientation de leurs vies et au jugement sur les états des choses lorsqu'ils attendent des institutions la solution des problèmes du monde culturel et biologique (1). Puis, nous nous appuierons sur la théorie de la compensation élaborée par Odo Marquard pour démontrer que le modèle démocratique de représentation politique fonctionne comme la théodicée du capitalisme libéral, en permettant à l'homme de gouverner son monde et sa vie de manière autonome sans l'intervention de Dieu, et de devenir ainsi l'unique responsable des catastrophes de sa vie (2). Finalement, nous montrerons que la théorie de la démocratie dans les termes d'une démocratie consultative que propose l'Ecole de *Francfort*, conçoit la démocratie comme un modèle de stabilité politique adapté au capitalisme libéral (3).

1. Assomption anthropobiologique de la démocratie

Les études d'anatomie comparative réalisées au début du XXe siècle par le médecin et anthropologue hollandais Louis Bolk[2], montrent la nécessité impérieuse dans laquelle se trouve l'homme de recourir à ses capacités cognitives pour résoudre son problème de manque de spécialité biologique et pour affronter le monde en construisant son environnement. Sa condition biologique le place

---

[2] Bolk Louis. *El hombre problema. Retardación y neotenia,* (W. González, Ed & W. González, Trad.) Cali, Universidad del Valle, 2007.

en situation de désavantage par rapport aux mammifères supérieurs qui vivent et se développent dans leurs environnements spécifiques. L'homme, comme animal dépourvu d'éléments biologiques vis-à-vis de sa défense, de la chasse, du climat, de la nature parce qu'il est dépourvu d'instincts extra-spécifiques, doit avoir recours à l'action pour résoudre les problèmes que génère son infra-spécialité biologique.[3]

La condition d'animal démuni fait de l'homme un animal sans environnement, un être biologique qui ne s'adapte pas à la nature et aux conditions spécifiques que le milieu naturel lui offre, si bien qu'il n'est pas du tout un être naturel. Cependant, son infra-spécialité biologique le convertit en un être ouvert au monde, en un être complètement surchargé par la nécessité de résoudre les problèmes que lui pose l'environnement dans lequel il habite, de telle manière qu'il ne lui reste plus à sa disposition que sa capacité à planifier, à penser et à anticiper les situations du monde. Pour affronter la surcharge des problèmes qu'il doit résoudre, il a recours à l'action pour tenter de la substituer aux manques liés à sa condition biologique dans son affrontement avec le monde.

Dans une proportion égale à la surcharge dérivée de son infra-spécialisation, l'animal humain va devoir affronter en outre une charge pulsionnelle interne qui dérive, selon Gehlen, de deux facteurs : le manque d'instincts animaux au niveau extra-spécifique et l'excès de stimulations qui lui viennent du monde extérieur. Cela se produit parce que l'homme, en tant qu'animal inachevé, est un être à l'état larvaire ou encore, selon les termes des éthologues, un être néoténique. Il ne possède de coordination entre ses fonctions qu'au niveau intraspécifique, c'est-à-dire qu'il répond à des nécessités de nutrition, de reproduction, de sexe et de défense face aux membres de la même espèce biologique, tandis qu'au niveau extra-spécifique, il ne dispose pas de mécanismes programmés d'orientation et d'inhibition de ses actions. Entre alors en scène le système phono-auditif d'émission

---

[3] Gehlen Arnold. *El hombre. Su naturaleza y su lugar en el mundo*, Salamanca, Sigueme, 1987 (*L'homme. Sa nature et sa position dans le monde*, Paris, Gallimard, 2020)

et de réception qui remplace le système d'instincts inexistant chez lui.

Le système phono-auditif d'émission-réception, permet à l'homme de résoudre son excès pulsionnel interne et de s'occuper de l'infinité des stimulations qu'il reçoit du monde, étant donné que la biologie humaine réussit, à travers son utilisation, à remplacer le système d'instincts qui lui manque pour qu'il puisse uniquement répondre à une stimulation concrète face à la multiplicité des stimulations qui lui viennent du monde. Ainsi peut-il réaliser une seule action en réponse à cette stimulation, de telle manière que, ainsi que l'écrit Jacques Poulain, « l'usage des corrélations phono-auditives dans l'environnement peut organiser les expériences sensorielles de l'homme, en coordonnant l'usage de l'œil avec l'usage de la main, en subordonnant l'appareil moteur avec l'appareil récepteur de la vision, et en subordonnant également, l'usage des appareils sensorium moteurs avec l'usage la parole. »[4]

Le langage qui mobilise le fonctionnement du système phono-auditif est ainsi pour l'homme ce qui constitue son milieu de décharge à l'égard des impulsions qu'il reçoit, et ce, entre autres, parce qu'il libère son corps de la nécessité de se mettre en contact avec les choses pour pouvoir les connaître. Cela s'avère surtout vrai quand la connaissance des choses et des événements est une condition nécessaire pour trouver une solution aux problèmes que l'homme affronte dans son monde naturel, culturel et dans un monde biologique hautement spécialisé.

Le langage est pour Gehlen l'institution supérieure qu'a l'homme pour résoudre les problèmes générés par son manque d'instincts : parce qu'il remplace les instincts, le langage fonctionne comme un mécanisme de décharge (*Entlastung*) et d'orientation. Cette décharge permet à l'homme de se libérer de toutes les pressions pulsionnelles et émotionnelles à travers l'usage du langage. La fonction d'orientation qu'il accomplit en utilisant le langage permet à l'homme d'identifier de quelles stimulations, parmi toutes celles qu'il reçoit, il doit se soucier

[4] Poulain Jacques. *La apuesta por la verdad. Crítica de la razón pragmática,* (W. González, Ed., & W. González, Trad.) Cali, Extremo Occidente, 2003, p. 127.

pour combler ses besoins. Chaque action que l'homme réalise doit répondre à un besoin particulier qu'il a à identifier.

Tout cela finit par répondre d'une manière ou d'une autre aux besoins de l'homme et par rendre vivable l'environnement dans lequel il habite. C'est le point central vers lequel tend la vie pulsionnelle de l'homme et des actions auxquelles elle incite. Comme nous l'avons vu plus haut, la structure pulsionnelle de l'homme est d'être ouverte au monde : adaptable à la variabilité de ses conditions.

Le fait que l'animal humain n'ait pas d'environnement programmé et que son manque biologique soit dépourvu de spécialisation, c'est-à-dire qu'il manque d'un monde biologiquement spécifique, fait de l'homme un être plastique, ouvert au monde et, par conséquent, dépourvu d'une limitation de l'espace pour ses perceptions : manquant ainsi de frontières, il se trouve biologiquement limité pour affronter le milieu spécifique dans lequel il habite[5]. Cependant, le manque d'environnement programmé biologiquement ne constitue pas un obstacle à ce que l'homme pense que son propre monde est naturel : c'est le monde naturel de la culture qui le remplace. Celui-ci est en même temps un monde illimité, dans lequel le temps s'écoule au rythme de chaque problème qui lui est présenté dans ses relations avec les choses et avec les autres.

La culture se forme ainsi à partir de l'action effectuée en se donnant le statut d'un monde naturel humain dans lequel est rendue possible la vie de l'homme. Ce monde lui permet de dépasser les difficultés qui lui sont présentées et lui permet de vivre dans un monde dit « naturel ». C'est donc la culture qui rend possible la vie de l'homme dans un environnement auquel il n'est pas biologiquement adapté. Une fois tout cela compris, il n'est plus possible pour Gehlen d'établir de différences entre l'homme culturel et « l'homme naturel », parce que, d'un côté, il n'y a pas de lieu dans le monde où un homme n'a pas réalisé de création matérielle à partir de ses actions, et d'un autre côté, parce qu'aussitôt que l'homme crée des conditions pour affronter ce

---

[5] Gehlen Arnold. *El hombre. Su naturaleza y su lugar en el mundo*, Salamanca, Sígueme, 1987.

monde, il construit son « propre environnement naturel » qu'est la culture[6].

Dans ce sens, pour Gehlen, culture et monde naturel humain sont étroitement impliqués, et la culture est la condition suffisante de l'existence du monde naturel. « Pour nous une culture va être cela : la totalité des conditions dominées de la nature, des conditions transformées et dont l'homme profite grâce à son travail et son activité, y compris par son habileté et les arts de la décharge, qui ne sont rendus possibles que sur cette base. »[7]

À cause de la surcharge pulsionnelle existante, le besoin d'orientation et de réponse aux stimulations qui lui viennent du monde et de l'environnement, et étant donné l'exigence de résoudre les travaux les plus importants pour se maintenir en vie, l'homme se trouve obligé de se libérer de la prise en charge de beaucoup de décisions qui ont à voir avec le développement de sa vie dans une collectivité. C'est pour cela que, selon Gehlen, l'homme a créé des institutions, afin de pouvoir se libérer, à travers elles, de la surcharge liée à la recherche des réponses qu'il se doit de trouver lors de situations qui lui sont présentées dans son monde « naturel-culturel ».

C'est dans cet ordre d'idées que les institutions apparaissent, d'un côté, comme les instances chargées de s'occuper des tâches présentant une importance vitale pour l'homme, et d'un autre côté, comme celles qui ont les pleins pouvoirs de stabilisation de sa vie en fournissant une sécurité et une fermeté à cet être qui, par son indigence biologique, est incertain et instable par nature. Les institutions sont un support de sécurité et de stabilité de l'homme, mais elles sont aussi un organisme dans lequel les individus peuvent avoir confiance, et grâce auquel ils peuvent se sentir en harmonie avec eux-mêmes et avec les autres.[8]

Ilse Schwidetzki, citée par Gehlen, affirme que « chez l'homme, les instincts ne décident pas, comme chez l'animal, des processus spécifiques de comportements fixes. Au contraire,

---

[6] *Ibid.*, p. 43.

[7] *Ibid.*

[8] Gehlen Arnold. *Antropología filosófica. Del encuentro y descubrimiento del hombre por sí mismo.* Barcelona, Paidós, 1993, p. 89.

parmi la multiplicité des conduites humaines possibles, chaque culture extrait ses propres variables et les érige comme modèles de comportement approuvés par la société, les rendant obligatoires pour tous les individus qui composent cette dernière. Ces modèles de comportement civilisés, dits « institutionnels », libèrent l'individu d'avoir à prendre un excès de décisions et constituent des guides face aux impressions innombrables et à l'excitation qui inondent l'être humain ouvert au monde ».[9]

Le dérèglement que l'homme accuse est une faute affectant la corrélation du *mouvement instinctif-excitateur*, qui reste résolu par l'intermédiaire des institutions. Elles lui garantissent une certaine régularité dans la satisfaction de ses besoins et dans ses relations avec les autres. En fait, la politique, comme une forme de relation et d'action entre l'individu et les institutions bureaucratiques, représente cette création nécessaire pour stabiliser un l'homme qui définit des actions et ne se borne pas à gesticuler. Cela signifie que le modèle de démocratie représentative concernant l'orientation de la politique, constitue un instrument stabilisateur de la vie intérieure de l'homme au moyen duquel il se décharge de la solution des problèmes multiples qui se présentent dans sa vie publique et privée, « de telle manière qu'il évite dans chaque occasion [celles où il se trouve obligé de résoudre des problèmes] d'entrer dans un conflit affectif ou de devoir prendre des décisions fondamentales. »[10]

Ainsi, la démocratie représentative accomplit-elle une fonction de décharge pulsionnelle. L'homme lui transfère le pouvoir de résoudre au nom des individus les problèmes dérivés de sa relation avec son monde naturel (la culture) et avec son monde biologique lorsqu'il s'agit pour lui d'affronter les défis et les difficultés posés par celui-ci.

Ce transfert n'est pas seulement un acte simple de délégation relatif à la prise de décisions fondamentales dans la vie culturelle de l'homme, il implique une perte de la faculté de disposition à juger de l'état des choses et des situations du monde culturel ainsi qu'une disponibilité personnelle à apporter des réponses aux défis du monde biologique. Dans ce cas, le transfert institutionnel

---

[9] *Ibid.*
[10] *Ibid.*

se substitue au jugement des individus et les soumet au jugement des institutions : ce sont elles qui vont penser et juger au nom de la démocratie et à sa place. C'est à elles de parler à sa place.

Cependant, cette perte est compensée par la sécurité liée au fait que les jugements et les décisions de tierces personnes deviennent garanties par les institutions qui résolvent les problèmes vitaux et réaffirment la durée de la vie de l'homme. Elles deviennent une espèce de dieu humain qui peut tout et fait tout au nom de l'homme. Ainsi les institutions semblent-elles aussi nécessaires à l'homme que sa capacité d'action, et il leur est tellement rattaché que toute tentative de destruction de celles-ci implique chez lui le développement d'un état d'insécurité et d'instabilité, ainsi qu'un « manque de protection face à des stimulations comportementales que l'on pourrait maintenant qualifier de pulsionnelles ».[11]

En fait, Gehlen remarque que la subjectivité de l'individu est rattachée aux institutions qui fonctionnent dans son monde culturel et que « de manière générale, on peut prédire avec une certaine sécurité la conduite d'un individu, dès lors que sa situation est connue dans l'ensemble social et que les institutions dirigeantes sont identifiées ».[12]

Si l'on prend en compte la fonction stabilisatrice des institutions, il semble évident que le modèle de la démocratie représentative représente dans l'enceinte de la politique la plus grande niche de sécurité pour les cultures occidentales : celles-ci demandent de plus en plus de figures institutionnelles représentant la divinité protectrice qui permettrait d'empêcher l'arrivée du mal qui, lui, empêcherait que le monde naturel de l'homme arrive à sa fin. « Les susceptibilités et les rôles subjectifs se neutralisent dans les institutions qui fonctionnent bien, car les individus se placent tous sur une même base de choses et s'ils disparaissent, ils sont remplaçables par la soi-disant discussion qui reste ouverte ». [13]

La démocratie représentative est confortée dans les conditions anthropobiologiques de l'homme et profite spécialement de

---

[11] *Ibid.*, p. 93.
[12] *Ibid.*, p. 90.
[13] *Ibíd.*, p. 93.

l'excès de stimulations de l'environnement que reçoit l'homme et de la surcharge de celui-ci en termes de résolutions de problèmes. C'est ainsi qu'elle en vient à assumer la condition d'un « extra-organe » humain, d'un organe capable de penser, de juger, de décider et de résoudre au nom des individus, et de les décharger de l'obligation constante d'avoir à résoudre à chaque instant et à toute heure des problèmes liés à son environnement.

Si l'on considère que la démocratie représentative profite des conditions carentielles de l'animal humain, c'est parce qu'au-delà de l'insécurité et du manque de stabilité liés à sa condition, cette dernière lui offre la possibilité qu'une tierce personne puisse représenter ses intérêts et ses besoins. L'institution s'occupe de tout et lui prodigue tout ce qui lui est nécessaire pour assurer son existence et sa permanence dans l'environnement culturel. A l'instar de tous les animaux non humanisés, il possède donc grâce à elles une structure biologique adaptée spécifiquement à un environnement naturel conforme à ses besoins vitaux. Le modèle de démocratie représentative s'adapte au monde perceptif de l'animal humain, en lui offrant la possibilité d'arranger un monde à la fois naturel et culturel dans lequel il peut satisfaire ses besoins vitaux et, en même temps, servir ses intérêts individuels et collectifs.

L'instabilité et l'insécurité dans laquelle se trouve l'animal humain y sont résolues par « le contrat de concession » politico - bureaucratique que le modèle de démocratie représentative propose. Dans ce « contrat », on lui garantit que les décisions que les entrepreneurs prennent au nom des commerçants représentent les intérêts et les besoins de ces derniers, c'est-à-dire de ceux qui dans un processus d'élection sont désignés pour assumer le rôle d'organes réfléchissants du corps social. Comme le « contrat de concession », le modèle de démocratie représentative permet d'élever au plus haut degré la volonté des individus, en rompant avec le lien religieux et la volonté « divine » d'un tiers sacré, qui influençaient auparavant les décisions des individus.

On y cherche à produire de leur part la reconnaissance d'agents autonomes qu'ils sont et qui sont capables de s'autodéterminer, indépendamment de toute divinité religieuse qui limiterait la volonté de l'individu. On cherche à élever ce dernier à un statut politique, dans lequel il n'échangera qu'avec ses pairs, et non avec une divinité. L'institution devient elle-même un agent autonome dont les décisions dérivent de la volonté des hommes, et non de personnes tierces divines.

Malheureusement, l'autonomie et l'auto-détermination sont limitées car le modèle représentatif applique des dispositifs pour désigner des personnes tierces, qui opéreront dans les institutions démocratiques. L'autonomie politique devient limitée à partir du moment où l'on passe par les urnes pour désigner un représentant bureaucratique qui a à prendre les décisions politiques de fond. Là, de nouveau, l'électorat se retrouve coincé dans les limites d'une expression de son opinion, et il ne lui reste plus qu'une l'option : celle d'autoriser une décision externe en répondant par « oui » ou « non » à la proposition bureaucratique qui lui est proposée.

« Seul un animal comme l'homme qui est l'unique espèce qui représente un danger pour lui-même et les autres, est obligé d'exercer un contrôle externe sur soi, à travers le mythe, la morale, l'éthique ou le droit. Seul un être non coordonné à un niveau extra-spécifique est obligé de transformer son milieu, d'inventer des techniques et des technologies pour remplacer ce que son organisme ne lui apporte pas ».[14] Les armes remplacent chez l'homme le mécanisme de défense qu'il n'a pas biologiquement, tandis que les animaux domestiques remplacent son manque de force physique et ses manteaux, son manque de pelage. Semblablement, dans le monde de l'imaginaire, les institutions remplacent les freins internes nécessaires à la vie du groupe, de telle manière que les conditions du manque dans lesquelles vit l'homme l'obligent à inventer, selon Gehlen, tout un modèle d'institutions qui compense son manque héréditaire de coordinations extra-spécifiques à son environnement.[15]

Ce transfert de responsabilité que l'individu délègue aux institutions finit par aboutir au modèle de la démocratie représentative, et pour ceux qui contrôlent ce dernier, à la meilleure façon d'obtenir que cet animal dépourvu d'instincts pré-déterminants puisse renoncer à son auto-détermination, et

---

[14] González William. De la neotenia a la filosofía. En L. Bolk, *El hombre problema. Retardación y neotenia.* Cali, Universidad del Valle, 2007, p. 36-37.
[15] *Ibid.*, p. 37.

accepte de transférer sa rationalité et sa capacité argumentative à des tiers institutionnalisés.

La vie politique des individus retombe ainsi dans un autisme collectif où le jugement des individus est neutralisé par les choix pris par les représentants des institutions bureaucratiques. La diabolisation des jugements collectifs comme éléments de perturbation du *statu quo* tend ainsi à les rendre responsables des malheurs sociaux,[16] et en conséquence, ces jugements ont tendance à être replacés entre les mains des institutions qui sont là pour garantir la non-reproduction des malheurs collectifs.

Dans ce cas, ce sont les partenaires sociaux qui commencent à manifester des comportements de type autistique : on y évite alors de parler de l'événement traumatique déclencheur pour empêcher la reproduction de celui-ci car son souvenir est traumatisant et déstabilisant. « En faisant cela, il [l'individu] déconnecte son système de réception sensorielle, son système de représentation et son système moteur, c'est ainsi qu'il arrive à produire une perception indifférenciée de l'espace où ne peut être perçue que la répétition effective de l'événement traumatique ».[17]

Bien que la démocratie représentative confère aux individus un éventail de choix quant aux représentants qui assumeront la direction des institutions bureaucratiques, elle les inhibe donc également en limitant l'exercice de leur parole et leur capacité à s'approprier l'espace de vie sociale, faisant du « malheur » total traumatisant une expérimentation réfléchie, totale elle aussi, sur le plan politique.

À l'époque du capitalisme étatique soviétique, du national-socialisme allemand de la seconde guerre mondiale et des nationalismes présents en Europe, ce genre de malheur se reproduit dans les États du capitalisme libéral, même si celui-ci se propose de sauver le jugement des individus en faisant en sorte que ceux-ci s'identifient au jugement collectif qui découle des institutions bureaucratiques pour atteindre son but politique

---

[16] Poulain Jacques. *La apuesta por la verdad. Crítica de la razón pragmática,* (W. González, Ed., & W. González, Trad.) Cali, Extremo Occidente, 2003, p. 179.

[17] *Ibid.*, p.178.

suprême, la manifestation de l'union de tous sur le plan politique.[18]

Pour Poulain, tout le monde se reconnaît dans ce but politique, notamment grâce aux arguments avancés par l'institution politique. Cela limite la capacité de jugement des individus qui porte sur les choses mais également sur eux-mêmes, et laisse donc place à une proposition de salut sécularisé et à l'espoir pragmatique.

Cela conduit à une situation dans laquelle l'individu adapte ses désirs au consensus, à ce qui a été rationnellement décidé au niveau politique. Une fois que tous les individus placent leurs désirs au même niveau, on est présumé pouvoir aboutir à la justice ou au bien commun, représentés comme offrant une soi-disant émancipation de l'individu.[19] L'objectif pragmatique de la politique semble alors consister à libérer chaque individu de ses désirs généraux et particuliers, en le faisant adhérer à un désir dont la forme politique se présente sous la forme de la folie. À partir de là, l'accord commun concernant le bien suprême pourrait être conçu d'une manière spécifiquement politique, c'est-à-dire comme prédétermination non réfléchie, naturelle ou culturelle, à ce Bien. L'adoption de cette émancipation comme bien suprême oblige chacun à fuir la sacralisation libérale des désirs, elle l'empêche de continuer à soustraire ses désirs à la critique, après les avoir consacrés comme bien suprême dans la conscience morale collective.[20]

Nous pouvons opposer à cela le concept de démocratie élitiste, inventé par Boaventura de Sousa Santos, qui cherche à s'imposer comme un modèle politique unique qui ne reconnaît que le système de représentativité dans la scène bureaucratique institutionnelle, en passant au-dessus des conceptions politiques de scènes sociales où fonctionne une autre logique politique, différente de celle de la démocratie. Ainsi, « dans sa forme hégémonique de la démocratie, la démocratie représentative élitiste propose d'étendre au reste du monde, le modèle de démocratie libérale représentative en vigueur dans les sociétés de

---

[18] *Ibid.*, p.180.

[19] *Ibid.*

[20] *Ibid.*, p. 181.

l'hémisphère nord, en ignorant les expériences et les discussions originaires des pays du Sud dans le débat sur la démocratie. »[21]

L'idée de démocratie propre à la *polis* grec s'avère ainsi impossible à réaliser dans le monde contemporain et surtout que l'organisation sociale se concentre dans des États qui n'ont rien en commun avec les villes grecques, et que la masse d'officiers comptables de la délibération et de la prise de décision surpasse en millions les 40 000 citoyens qui étaient habilités à délibérer et à décider dans la Grèce antique. Les défenseurs de la représentativité s'appuient sur des données impossibles auxquelles il est impossible de se connecter et qui ne peuvent pas s'appliquer à des citadins se trouvant dans des États dont la densité de population est si élevée.

Par conséquent, il est possible d'observer que la théorie hégémonique de la démocratie, après que le débat démocratique fut réouvert pendant la guerre froide et que le processus de globalisation se soit approfondi, doit, quant à elle, se confronter à un ensemble de questions non résolues, voire insolubles, qui se résument par un unique débat, celui qui oppose démocratie représentative et démocratie participative. Ces questions se posent de manière plus aigüe dans les pays où existe une plus grande diversité ethnique : elles s'y infiltrent entre les groupes qui connaissent des difficultés pour faire reconnaître leur légitimité. Elles se posent également dans les pays dans lesquels la question de la diversité d'intérêts se heurte au particularisme des élites économiques.[22]

En fait, cette conception anthropobiologique de la démocratie représentative correspond exactement à la pensée que Tocqueville a développée dans son ouvrage *La Démocratie en Amérique,* c'est-à-dire au retour à une servitude euphémisée par l'idée de liberté. « Nos contemporains imaginent un pouvoir unique, tutélaire, omnipotent, mais choisi par les citadins ; ils combinent une centralisation et une souveraineté populaire. Cela

---

[21] Avritzer L. & De Sousa Santos B. *Para ampliar el canon democrático.* Récupéré le 12 février 2016 à partir de : http://www.eurozine.com/article2003-11-03-santos-es.html, 2011

[22] *Ibid.*

leur donne un peu de tranquillité. Ils sont consolés par le fait d'être protégés, en pensant qu'eux-mêmes ont sélectionné leurs tuteurs (…). Dans un système de ce genre, les citoyens sortent temporellement de la dépendance pour désigner leur maître, mais, c'est pour y rentrer immédiatement ».[23] Dans l'introduction à la première partie de son œuvre, il n'est donc pas étonnant que Tocqueville se demande si l'on peut penser que, après avoir détruit le féodalisme et vaincu les rois, la démocratie reculera devant les bourgeois et les riches.

C'est cette question que nous allons finalement aborder, afin de savoir aux mains de qui se trouve la démocratie du monde capitaliste libéral contemporain. Pour cela, nous reprendrons à notre compte les propos d'Alain Badiou concernant le concept de démocratie employé dans un monde orienté vers l'idéal d'une non-opposition. « En réalité, c'est un terme qui dépend de ce que je nommerai « l'opinion autoritaire ». Il est interdit d'une certaine manière de ne pas être démocrate. Plus exactement : il considère comme diminué celui dont l'humanité aspire à la démocratie, et la subjectivité de celui qui peut supposer ne pas être démocrate, est considérée comme pathologique. Dans le meilleur des cas, elle mérite une rééducation patiente ; dans le pire des cas, il a recours au droit d'ingérence des légionnaires et des parachutistes démocrates. »[24]

2. *La démocratie représentative comme théodicée du capitalisme libéral*

La condition d'indigence biologique fait de l'animal humain un être de carence qui ne survit que grâce à sa capacité d'action et de langage, mais elle le transforme également en un animal de compensation. Le manque de systèmes biologiques de défense et d'attaque est compensé par la création des armes, le manque de pelage par les manteaux et le manque de protection biologique en plein air par le toit, la caverne ou la maison, et dans le même ordre d'idée, plus généralement, le manque d'instincts est

[23] Tocqueville Alexis. *La Democracia en America*, Madrid, Trotta, 2010, p. 876.
[24] Badiou Alain. *Op.Cit.*

compensé par les institutions.[25] La compensation constitue chez l'homme la forme supérieure de l'élaboration du monde naturel humain, qui s'effectue en marge des conditions naturelles et environnementales dans lesquelles l'animal humain n'a pas de spécialisation biologique. C'est de la même manière que l'animal humain fonctionne au plan des institutions politiques. À travers la défense de Dieu, la théodicée leibnizienne justifiait l'existence du malheur et de la douleur dans le monde comme compensation par le bien et la joie. Cela signifiait que la souffrance était une condition nécessaire pour atteindre le bonheur, de telle sorte que tous les malheurs dont l'homme souffre se voyaient compensés par des situations et des états de joie, mais aussi de telle sorte que la souffrance sur terre se voyait compensée par un monde idéal au-delà de la vie sur terre, par le paradis de l'immortalité.

Le meilleur des mondes possibles était celui dans lequel Dieu existe : un détracteur ne pouvant répondre à cet argument, combattra peut-être la conclusion en arguant du contraire et en affirmant que le monde peut exister sans péché et sans souffrance. Mais c'est alors nier qu'il l'eût été. Il est en effet important de comprendre que tout est lié dans chacun des mondes possibles et que l'univers, quel qu'il soit, est fait d'une seule pièce, comme un océan : le moindre mouvement qui advient, est ressenti à n'importe quelle distance, bien qu'il devienne moins perceptible à partir d'un certain point. C'est penser la probabilité que Dieu ait tout ordonné d'avance, d'un seul coup et pour toujours, qu'il ait prévu les bonnes et les mauvaises prières, et tout le reste, et finalement, que chaque chose y a idéalement participé avant son existence et à la résolution qu'il a prise sur l'existence de toutes et de tous.[26]

Le principe de la philosophie de l'histoire laisse l'animal humain dépouillé du mythe de la création et de la protection divine. L'idée qu'il existe un Dieu qui serait un être qui crée l'histoire et la vie de l'homme (idée propre à la théologie de l'histoire), est remplacée par l'idéalisme allemand. La fin des

---

[25] Bolk Louis, *Op.Cit.*

[26] Leibniz Gottfried. *Teodicea: Ensayos sobre la bondad de Dios, la libertad del hombre y el origen del mal.* Madrid, España: Biblioteca Nueva Madrid, 2014, p. 65.

hétéronomies de ceux qui guident les actions humaines, met l'homme au centre du monde et lui rend le contrôle de son existence, et son destin est entre ses mains. Dieu ne résout plus les affaires de sa vie à sa place, il est désormais lui-même le maître de sa vie, de sa propre protection et de son destin personnel. Il ne dépend que de lui que se produisent de bons ou de mauvais événements dans le monde. Dieu serait alors sauvé par son inexistence de la responsabilité de ce qui peut arriver à l'homme. Dieu n'est plus coupable de ce qui peut arriver à l'homme car il est présumé ne pas exister, et celui-ci en serait seul responsable : l'unique coupable y devient l'homme lui-même.

Théologie et idéalisme entrent alors en confrontation directe. Le Dieu leibnizien est jugé par l'homme après la dévastation de Lisbonne causée par le tremblement de terre de 1755, qui a laissé des centaines de morts et a représenté alors la disparition de Dieu, c'est-à-dire sa mort, marquant ainsi la fin de la théologie et le début de la philosophie de l'Histoire comme proposition rationnelle de Voltaire. Le tiers sacré est finalement jugé et ne peut être déclaré coupable des malheurs humains. Seul l'être humain peut désormais l'être. C'est grâce à ce jugement que l'homme atteint sa liberté. Cela le sort de sa dépendance hétéronomique à l'égard de Dieu pour le laisser face à toutes les possibilités matérielles de dépasser ainsi son état de minorité et d'atteindre le meilleur des mondes possibles.

Accusé et jugé à partir de la catastrophe de Lisbonne comme acte pouvant être associé à une « omission d'assistance », pour ne pas éviter le malheur en étant bon et tout-puissant, l'homme est substitué à Dieu. À partir du moment où l'homme prend la place de Dieu et devient libre, il devient aussi responsable de toutes ses actions, ainsi que de ses propres malheurs.

Pour sauver Dieu des accusations humaines, Leibniz s'accroche à l'idée que l'existence du monde n'est possible que s'il y a des antagonismes, dans le but de montrer que le cours des circonstances fonde la forme d'existence de toutes choses. Il est certain qu'il est envisageable de s'imaginer des mondes possibles sans péchés ni misères, et d'en faire des romans et des utopies, mais ces mondes seraient très inférieurs en bien au nôtre (...). D'autre part, nous savons qu'un malheur peut entraîner une situation positive qui n'aurait sans doute pas eu lieu sans ce dernier. Et même, qu'il arrive fréquemment que deux malheurs constituent un grand bien : un lieu de tension avant celui-là.[27]

Ainsi, la philosophie du XVIIIe siècle se joue-t-elle de la théodicée, car en prenant la place du Dieu jugé par un Tribunal d'hommes, l'homme devient son propre créateur, ainsi que celui du monde et de sa propre histoire[28]. Il s'émancipe de son Dieu, en devenant propriétaire des choses du monde, de son destin, de ses progrès et de ses échecs. L'échec l'amène finalement à ce que Marquard désigne comme « sur-tribunalisation de l'être humain » : l'homme est sur le banc des accusés, le même sur lequel il avait un jour amené Dieu, puis qu'il l'avait condamné. « l'homme est obligé de se reconnaître comme être historique, comme un être qui produit ses propres conditions d'existence et qui doit le faire de manière autonome et juste. Maintenant, c'est sa propre existence qui est sur le banc des accusés : l'homme doit la justifier, de la même manière que le Dieu leibnizien l'avait fait, et avait dû répondre à la question : pourquoi il y a quelque chose plutôt que rien ? » [29]

Avec la mort de Dieu, la seule théodicée pouvant réussir est la théodicée humaine, c'est-à-dire une anthropodicée. L'homme sera le créateur du meilleur des mondes possibles, celui qui est responsable de l'amélioration des choses et des situations existantes, mais aussi celui qui devra rendre meilleures les conditions et les prébendes dans la vie des hommes. Par cette substitution de lui-même à Dieu, il devient l'être suprême sur terre.

Après avoir assumé le rôle que Dieu avait dans le monde, l'homme obtient le pouvoir absolu en devenant le créateur de toutes choses et de chacun ; c'est du moins ce que proposait la philosophie de l'histoire, même si les limites de cette capacité créatrice étaient aux frontières de ce que Gehlen (1984) appelle le « deuxième monde naturel de l'homme : la culture ». Seul l'homme est capable de créer le monde qui lui a été naturellement

---

[27] *Ibid.*, p. 69.

[28] Poulain Jacques. *La apuesta por la verdad. Critica de la razón pragmática.* (W. González, Ed., & W. González, Trad), Cali, Extremo Occidente, 2003.

[29] *Ibid.*, p. 151.

refusé par son indigence biologique, en créant le monde de la culture, de la création et de la transformation des choses de la nature, pour créer son propre espace vital, sans lequel il serait condamné à l'extinction, selon le diagnostic de Gehlen.

L'autonomie et la liberté sont alors transmises à l'homme à la suite du jugement porté sur Dieu, produisant de la sorte un tournant que Marquard qualifie de *nouvelle théodicée*. Désormais, Dieu se défend en signalant que l'homme est l'unique responsable de son malheur et des malheurs humains en général, c'est lui qui occupe maintenant la place de l'accusé et il doit rendre compte de ses actions et des malheurs générés par ses agissements.

Ainsi, seuls les hommes libres sont-ils responsables de leurs actions et ils sont les seuls à pouvoir être jugés ou condamnés. « En effet, les choses se sont passées de la manière suivante : quand la théodicée n'a pas d'optimisme comme appui, mais seulement la triste expérience du monde et de l'époque, la théodicée traditionnelle se transforme en philosophie de l'histoire. La même transformation se répète radicalement dans l'idéalisme allemand : quand le monde est trop antinomique pour que Dieu puisse être désigné comme son créateur, l'homme devient l'acteur et le guide du monde, c'est-à-dire le sujet de l'histoire et du progrès dans les relations humaines du droit. »[30]

Ainsi le malheur de l'homme est-il compensé par l'accusation, par le jugement qu'elle déclenche et par la condamnation à laquelle il finit par être soumis. Cette fois, le malheur ne sera pas compensé par le bien comme dans la théodicée leibnizienne, mais par un autre malheur : un châtiment stable préétabli dans les normes de droit. Le droit apparaît alors comme compensation au malheur. Les institutions juridiques assument la fonction compensatoire consécutive à un acte répréhensible : le mal qu'un homme fait à un autre est alors compensé par ces institutions à l'aide d'une action à visée punitive, à l'aide d'une sanction menée à l'encontre du coupable. Ainsi, la compensation ne fonctionne-t-elle plus dans un sens inversé, le mal par le bien,

---

[30] Marquard Odo. *Las dificultades con la filosofía de la historia*, Valencia, Pre-textos, 2007, p. 76.

mais s'inscrit dans une seule et même trajectoire, le mal par le mal.

Les normes de droit visent à ce que chaque action répréhensible et chaque dommage aient une compensation vindicative. Mais la vengeance ne semble pas suffisante puisque le dommage doit être réparé. La norme juridique assumera alors une double fonction compensatoire face au délit : en plus de rétribuer le mal occasionné, il instaure un système d'indemnisation qui aura pour but de réparer le dommage. Cette indemnisation équivaut à une compensation plus ou moins égale au mal occasionné.

Au commencement, dans la théologie, Dieu jugeait les hommes, puis, dans la théodicée, les hommes se jugeaient eux-mêmes. Finalement, quand cette phase de soupçons permanents et d'accusations envers eux-mêmes est devenue trop pénible, les hommes, au moment même où ils obligeaient la critique à se transformer en philosophie de l'histoire absolue, ont décidé de devenir ce qu'ils ne peuvent pas réellement être : des êtres absolument non imputables, des absolus que nous ne jugeons pas parce qu'ils se jugent déjà eux-mêmes.[31] Le droit prend alors la place du sacré qui était auparavant occupée par Dieu, et l'homme doit assumer le rôle de médiateur entre lui et sa faute. Ainsi, ne reste-t-il soumis qu'à lui-même et la médiation avec un tiers divin n'est-t-elle incarnée que par l'institution juridique. Cette dernière a désormais le pouvoir de déterminer les fautes, de mener un réquisitoire et d'obtenir un jugement, afin de décider de la peine à laquelle le coupable va être soumis.

De ce délit va naître une obligation juridique que le condamné va avoir envers la victime. Cette obligation, qui est nécessairement respectée puisque le droit peut faire usage de la force, se compose de deux formes compensatoires du délit : l'une est la contre-jouissance qui provoque chez la victime la douleur dont souffre le coupable[32], et l'autre, la quantification matérielle du dommage et l'obligation pour le coupable d'assumer cette charge. Dans cette optique, Nietzsche se demande : « dans quelle

---

[31] *Ibid.*, p. 24-25.

[32] Nietzsche Friedrich. *Genealogía de la moral.* Madrid, Alianza Editorial, 1994.

mesure la souffrance peut-elle être une compensation “des dettes“ ? ». Dans la réponse à cette problématique, il ne doute pas que la souffrance soit une compensation malsaine au désir de vengeance, et qu’elle puisse provoquer le même mal que celui dont souffre celui qui en est à l'origine : « dans la mesure où faire souffrir produit un bien-être dans un degré suprême, dans la mesure où ce qui est subi modifie le dommage, ainsi que le déplaisir que celui-ci produit, pour une contre-jouissance extraordinaire : le fait de faire souffrir. »[33]

Avec l’avènement du droit, l’homme se trouve déposé à la droite de lui-même, et les relations avec les autres passent par le filtre des institutions, que ce soit par le filtre de la norme du droit ou par le filtre des normes morales. L’homme ne se fait pas justice lui-même, pas même lorsqu’il recourt à ce que Kant a nommé sa « conscience morale ». Il respecte les décisions qui lui sont données par le droit à travers les institutions. Sa liberté le transforme et le voue à être un sujet de droit, en un sujet quelconque qui se trouve chargé de la présomption d’une faute, de la présomption de sa responsabilité, et pour cela, il doit rester sous la rationalité d'un cadre général d'action. Sa liberté reste cantonnée aux frontières de la faute qui lui est imputable et permet de lui imputer sa responsabilité, orientée par un éventail limité de possibilités d'action.

« Pour cette raison, les hommes - telle est la conséquence de cette fuite permanente dans la philosophie de l'histoire moderne qui part du fait « d’avoir une conscience » jusqu'à « être la conscience » - ne sont déjà plus vraiment des hommes quand ils se transforment complètement. Tout comme la théodicée est - si notre vision est correcte - consumée par l'élimination de Dieu, la philosophie de l'histoire devient absolue au nom de l'être humain, elle s’autodétruit : à celui-ci se sont substitués, d'une part, ceux que les commissaires absolus considèrent comme protagonistes - et, d'autre part, par ceux qu’ils considèrent être comme antagonistes. On a adroitement soutenu que le conflit de la lutte des classes n'est qu'un modèle parmi d'autres, qui invite à penser cette élimination de l'être humain : c'est-à-dire, en substituant aux êtres humains dans leurs relations des uns avec

---

33 *Ibid.*, p. 75.

les autres, l'antagonisme entre ceux qui ont absolument raison et ceux qui ont absolument tort. Dans ce modèle, les hommes ne sont pas toujours telle ou telle chose, ils ne sont jamais les prochains, les plus proches mais il existe toujours un droit des choses les plus proches face à celles qui sont les dernières, et ces choses proches sont la réalité. »[34]

L'instauration du droit est alors compensée par l'octroi de l'égalité politique entre tous, les restrictions touchant les actions sont compensées par les droits qui leur sont corrélés et, grâce aux droits de l'homme, celui-ci récupère aussitôt la place de toute puissance qu'il avait délégué au droit et il assume à nouveau son rôle de souverain. Il reprend les rênes de sa vie et devient responsable de son propre monde.

« Si la philosophie de l'histoire a commencé à prospérer dans une symbiose parasitaire avec la violence directe de l'État absolutiste, il prend fin – s'il est possible qu'il prenne fin - comme violence directe de ceux qui au nom du souverain désormais anonyme : l'être humain, exercent sur lui une domination hyper-absolutiste, comme souverains du souverain, qui peut s'extraire d'une situation qui pourtant semble être toujours identique ? La sortie philosophico-historique des êtres humains hors de la position de minorité dans laquelle ils se maintiennent par leur propre faute, met fin à leur concession du pouvoir aux tuteurs qu'ils s'imposent par leur propre faute. La philosophie de l'histoire est l'anti-modernité, ou le mythe de l'émancipation, et c'est précisément pour cette raison que ce n'est pas une émancipation réelle. »[35]

Expliquons maintenant, à travers cette logique, comment et dans quelle mesure la démocratie représentative constitue la théodicée du capitalisme libéral. Pour cela nous citerons encore la théorie de la compensation de Marquard, pour soutenir la thèse selon laquelle l'homme maintient la nécessité de trouver un équilibre entre le monde abstrait des institutions et les manques qui lui viennent de sa condition biologiquement inachevée.

---

[34] Marquard Odo. *Las dificultades con la filosofía de la historia.*, Valencia, Pre-textos, 2007, p. 25.
[35] *Ibid.*, p. 26.

Rappelons que l'homme compense son manque d'instincts par la construction de ses institutions imaginaires.[36]

Après avoir pris la place occupée par Dieu, l'homme s'est confronté à la responsabilité qui lui vient de sa liberté d'exécuter un ensemble d'actions, destinée à consolider sa promesse de produire le meilleur des mondes possibles : on l'a vu se confronter à son propre tribunal, à son propre pouvoir souverain, au jugement des hommes contre l'homme, à la recherche d'un coupable qui n'est pas déjà extra-mondain, ainsi qu'à la recherche d'un ennemi qui menace son propre monde. L'homme est accusé par ses actions et avec sa nouvelle qualité de sujet imputable, grâce au résultat de la décharge institutionnelle qu'il a opérée de lui-même, car il est toujours surchargé par un trop plein de situations problématiques qu'il doit résoudre dans son monde culturel et qui doivent forcément passer par le filtre de sa responsabilité et de son imputabilité. Toutes ses décisions doivent être assumées par ceux qui représentent le jugement de la majorité.

La démocratie représentative représente une forme spéciale dans laquelle les partenaires sociaux se retrouvent identifiés au jugement des uns et des autres par rapport à l'état des choses du monde, mais, dans ce jugement, ils n'émettent pas de jugement commun envers des choses communes. Ils finissent par s'attacher à émettre un jugement particulier qui essaie, de manière formelle, d'obtenir un niveau d'universalisation tout en demeurant à l'extérieur du jugement de leurs destinataires, à l'extérieur du jugement de leurs représentés.

C'est un sujet intéressant, dans la mesure où désormais, l'homme a transféré son jugement et son pouvoir de décision aux autres : mais à qui en fait ? À ceux qu'il considère comme étant en mesure de décider et de juger pour lui, alors que ceux-ci n'ont précisément pas la figure du Dieu qu'il avait déjà jugé, ils ont désormais la figure de l'homme qui peut tout. Il n'y a pas de meilleure occasion pour que certains jugent tous les autres, pour que le jugement même des minorités soit universalisable et qu'il atteigne le seuil du mot sacré.

---

[36] Gehlen Arnold. *Antropología filosófica. Del encuentro y descubrimiento del hombre por sí mismo.* Barcelona, Paidós, 1993.

L'homme a remis sa faculté de juger dans des mains étrangères. Après avoir renoncé à la capacité de faire valoir sa vision personnelle par rapport au monde et à la possibilité de construire ces rapports en commun, il perd la possibilité de décider de sa propre vie, alors qu'il l'avait chèrement acquise en assumant sa liberté après la mort du Dieu leibnizien. Maintenant c'est à l'homme de définir la vie des autres.

L'idée ontologique de la liberté prend racine dans l'idéalisme allemand, et garantit avec Schelling la prémisse selon laquelle l'homme lui-même est celui qui fait et dirige le monde, un monde dans lequel Dieu ne joue plus aucun rôle. Cependant, l'idée d'un homme tout-puissant est soumise à des objections sévères de la part des critiques de l'idéalisme, qui affirment que la thèse idéaliste de l'autonomie condamne l'homme à la solitude, après avoir nié sa relation avec autrui, et particulièrement, après avoir nié sa condition d'être fini et après avoir attisé une rébellion contre Dieu basée sur le mépris de la condition de créature de l'être humain et du monde. Ainsi selon Marquard, « la critique de l'idéalisme fait-elle valoir avec fermeté précisément cette conviction depuis la fin de la première guerre mondiale jusqu'à aujourd'hui. »[37] L'idée de finitude de l'être humain qui a consolidé la critique de l'idéalisme, a attiré l'attention sur la nécessité de convoquer un agent qui soit au-dessus des hommes, lui faisant reconnaître sa condition d'être naturel et fini, et qui, dans une certaine mesure, fixe des limites à la théorie idéaliste de l'autonomie humaine.

La suggestion émise par les critiques de l'idéalisme a eu pour but de réviser l'idée d'autonomie et elle remet en question le rôle de l'homme dans le contrôle de ses propres affaires sociales, orientant vers la nécessité de passer par le filtre d'un tiers pour prendre les décisions relatives au développement de ses plans de vie et d'action. L'objectif y est toujours de tenir la promesse de créer le meilleur des mondes possibles.

Désormais, l'autonomie de l'homme se maintient d'une manière stable, et les décisions de grande importance ne passeront plus par le filtre de ses jugements. En fait, l'idée du

---

[37]Marquard Odo. *Las dificultades con la filosofía de la historia.* Valencia, Pre-textos, 2007, p. 60.

fonctionnement du monde à partir des antinomies ne sera pas suffisante pour sauver l'homme comme ce fut le cas lors de la disculpation de Dieu concernant l'existence du malheur. Dorénavant le défi est de définir dans quelle mesure l'homme maintient le contrôle du monde sans l'intervention de la théologie, sans l'idée d'un Dieu gouvernant, en maintenant l'idée de liberté mais sans une pleine autonomie ; précisément quand l'histoire lui « coûte trop cher » à cause de son incapacité à résoudre les malheurs du monde, et quand son autonomie ne lui permet pas de résoudre ses insatisfactions avec le monde : c'est alors que l'homme insatisfait pullule.

Ainsi, l'homme se trouve-t-il désormais confronté à lui-même, il doit donc répondre des malheurs qui n'ont pas été surmontés. La recherche de responsable conduit également à la recherche de l'ennemi, de celui qui est la cause des dangers et des insatisfactions humaines. Dans ce sens, « l'imputation de Dieu est remplacée par l'imputation d'adversaires ; la crainte du seigneur est remplacée par la peur de l'ennemi ; les bonnes œuvres sont remplacées par les mauvais mots ; la loi hétéronome de Dieu est remplacée par la loi hétéronome de l'obligation de lutter. »[38]

Ce qui est certain, c'est que l'autonomie de l'homme reste coincée dans le paradoxe de l'hétéronomie de la loi humaine, devant le risque que produit la latence d'un ennemi qui met en danger sa liberté même et devant le commun intérêt des hommes à trouver un monde satisfaisant et joyeux : c'est le motif parfait pour remplacer l'homme par « l'autre », « l'autre qui incarne l'espoir de salut de chacun et qui est dépositaire de l'autonomie qu'il faudra lui transférer pour qu'il puisse nous défendre de nos « ennemis ». Cela suppose une asymétrie dans des termes d'exécution : tous les êtres humains n'ont pas la capacité de faire ce qui leur correspond de manière autonome, et les fonctions en matière de résolution des affaires sociales sont asymétriquement distribuées parce que les individus ne peuvent pas participer tous à la fois au processus décisionnel touchant les affaires sociales. Cette inégalité donne au droit un fondement pour une autre idée d'équilibre, pour une autre idée d'égalité.

---

[38] *Ibid.*, p. 89.

Tous les individus ne peuvent pas participer à la prise de décision pour la construction du meilleur des mondes possibles, et c'est pour cela que seuls quelques-uns seront choisis. Bien qu'ils ne peuvent pas tous participer à la prise de décisions importantes pour la vie sociale, ils pourront tous participer à la désignation de ceux qui auront la tâche de réaliser ce travail. De la même façon, l'exclusion dans la prise de décision est compensée par l'idée du transfert du pouvoir de décision, c'est-à-dire, par la croyance en ce que les décisions que les représentants élus adoptent, vont également être les décisions de leur électorat, puisque leurs dits représentants agissent en leur nom.

La notion de représentation viendra ici compenser la perte de participation directe dans la prise de décision, et dans ce cas, ceux qui sont désignés au cours d'un processus d'élection comme représentants d'un groupe d'individus, seront responsables de réaliser en leurs noms les actions correctes. Les élus seront responsables de créer le meilleur des mondes possibles au nom des autres, ils seront responsables de rendre possibles les attentes des électeurs, même si ces attentes ne correspondent pas à celles des responsables, de ceux qui ont entre leurs mains la représentation des autres dans l'espace politique bureaucratique.

D'un côté, l'idée de compensation suppose une idée de nécessité et d'équilibre, et la démocratie représentative répond à la nécessité d'un être de carence qui, pour vivre dans une collectivité, a besoin de résoudre les situations multiples qui surgissent des conditions spéciales qui affleurent dans la vie sociale. D'un autre côté, le problème est de maintenir l'homme comme responsable du contrôle du monde, sans oublier les risques qui impliquent un haut niveau d'autonomie et de liberté de la part de tous.

La liberté et l'autonomie resteront définies dans les frontières délimitées depuis les Lumières par la Déclaration des Droits de l'Homme et du Citoyen, jusqu'à celle que proclame la Déclaration Universelle des Droits de l'Homme. L'une comme l'autre représentent une compensation à la perte totale d'autonomie, elles fonctionnent comme les institutions qui reconnaissent des espaces d'action aux individus pour qu'ils puissent développer leurs projets individuels dans le monde. Mais au niveau public et dans la réalité collective, ses facultés restent transférées aux instances qui vont agir en son nom, à la démocratie et à l'idée de participation politique.

Nous comprenons très bien que l'homme n'ait pas la capacité de s'occuper de tous les types de sujets et de tous les problèmes présents dans le monde social. Il est indispensable que quelqu'un, ayant une certaine affinité avec sa vision du monde et des choses, résolve ses problèmes dans le monde collectif. De plus, il est nécessaire que quelqu'un puisse assumer le rôle qui consiste à transformer et à améliorer son monde. Mais avant tout, l'homme a besoin d'un autre être, d'un être qui puisse le défendre des ennemis qui menacent son projet d'un monde idéal et l'obtention d'une satisfaction totale. Ces ennemis sont les personnes qui s'opposent à son projet politique idéal, ce projet dont le principe est la transmission et le transfert du jugement.

« C'est précisément parce que le monde moderne objectif considère les êtres humains comme des spécialistes interchangeables, des réalisateurs de fonctions, que l'intériorité triomphe d'une manière compensatoire et moderne. Elle correspond à la culture moderne de l'égalité, la promotion moderne de l'inégalité, de la subjectivité et de l'individualité, et à des mesures institutionnelles pour sa protection, comme la proclamation des Droits de l'Homme selon laquelle tous peuvent exprimer leurs différences sans crainte. »[39]

Il est clair que la démocratie représentative se sert de la reconnaissance de l'inégalité, de la fin des pluralités, de la réaffirmation de la multiculturalité et de la confirmation de l'individualisme, car tout cela a été créé et assuré pour servir le projet libéral économique. Tout est fait pour permettre aux hommes d'être sous le contrôle de quelques appareils politiques hors la réponse et la réaction des partenaires sociaux, qui, isolés, séparés et volontairement mis à l'écart de l'exercice de leur faculté de juger, restent assujettis à l'hétéronomie d'un projet économique et politique.

Le projet du libéralisme politique cherche précisément à se servir de la démocratie représentative ainsi que de la façon dont elle représente la liberté, pour cacher le vrai projet qui est celui

[39] Marquard Odo. *Filosofía de la compensación.* Barcelona, Paidós, 2001, p. 44.

de retourner à la théodicée leibnizienne, à l'aide d'un processus que nous pourrions qualifier de « pièce de rechange », et dans lequel la forme divine de Dieu est remplacée par la figure sacrée de la représentativité démocratique.

Cela permet à ceux qui possèdent d'importants capitaux corporatifs, d'en faire un modèle politique ouvert, dans lequel la liberté individuelle (dans des termes nominaux) rassemble l'attention des partenaires sociaux dans leurs intérêts particuliers sous l'idée d'autonomie et de souveraineté, pour déconnecter les intérêts politiques communs de la discussion commune des partenaires sociaux.

Le modèle de démocratie représentative ne sert pas exclusivement à « des causes nobles », politiques. Grâce à lui, le fascisme et le nazisme sont arrivés au pouvoir en Europe pendant le premier tiers du XXe siècle, en obtenant un vaste appui et un soutien populaire permettant aux responsables ayant obtenu la majorité de prendre le contrôle politique. Là, la démocratie représentative a servi de moyen et de tremplin parfaits pour une ascension limpide au pouvoir, sans qu'elle ait exigé de réponse de la part de l'électorat, dont l'aliénation était une manifestation parfaite de la légitimation de ses gouvernements.

C'est la même expression de volonté populaire qui a permis la montée irrésistible de Mussolini et d'Hitler au sommet du pouvoir politique, et qui place aujourd'hui les propriétaires les plus riches du capital corporatif, ou leurs représentants, dans les plus hautes sphères bureaucratiques afin de prendre le contrôle de la politique en instituant ce que Wolin nomme à juste titre « le totalitarisme inversé » : « ce renversement du système établi n'est pas une condition pour le succès. Il n'existe pas de plan dissimulé pour éliminer toute opposition, pour imposer l'uniformité idéologique ou la pureté raciale ou pour chercher la forme traditionnelle de l'empire. Il permet l'expression libre, vénère la Constitution et opère dans un système de bipartisme qui, en théorie, doit donner un rôle au parti d'opposition. Mais au lieu de se rebeller contre un système existant, il consolide sa défense. »[40]

---

[40] Wolin Sheldon. *Democracia S.A. La democracia dirigida y el fantasma del totalitarismo invertido.* Buenos Aires, Katz, 2008, p.96.

Pour Wolin, la démocratie n'est pas un espace consultatif où règne le jugement et la réflexion des partenaires sociaux autour des sujets fondamentaux de la vie sociale et où le débat des masses justifie et sert de base à la prise de décisions politiques. Au contraire, il pense que la démocratie est un espace propice à la citoyenneté passive des moutons de Panurge, une citoyenneté qui reproduit son incapacité de réponse ainsi qu'elle l'a fait dans les dictatures citées ci-dessus, alors qu'elle agissait comme « une masse politiquement désenchantée et aliénée, mais dont l'appui devient utile pour conférer une légitimité à la dictature et agrandir son contrôle sur la population. »[41]

Cette variante « du totalitarisme inversé » vient d'une forme de démocratie représentative contrôlée et soutenue par le capital corporatif. Elle fonctionne à l'inverse du totalitarisme classique, dans lequel l'économie n'est pas subordonnée à la politique : au contraire, c'est ici la politique qui reste subordonnée à l'économie. Cela lui permet de déployer toute une série de décisions qui affectent la distribution des fonds officiels à destination de certains secteurs sociaux.[42] « La démocratie propose une conception radicalement différente du pouvoir. Une démocratie implique avant tout une égalité : une égalité de pouvoir et d'égalité en ce qui concerne le partage des bénéfices et des valeurs que la coopération sociale rend possible. La démocratie est si aussi peu compatible avec la domination du monde que "la politique", qu'elle implique avant tout de préserver l'uniformité sans arrêter de légitimer et de résoudre les différences. »[43]

Dans la pratique, les groupes économiques s'approprient des procédés démocratiques en investissant des quantités importantes de ressources financières comme s'il s'agissait d'opérations de bourse, pour occuper des points stratégiques dans les espaces bureaucratiques que la représentation des capitaux leur permet d'assumer dans l'agenda politique, tout en coûtant très cher aux partenaires sociaux[44]. Leurs raisons avouées sont,

---

[41] *Ibid.*, p. 92.

[42] *Ibid.*, p. 98.

[43] *Ibid.*, p. 102.

[44] *Ibid.*, p. 99.

dans un premier temps, que les individus soient écartés de manière effective d'éventuelles ascensions politiques dans la sphère bureaucratique de l'État, et dans un second temps, qu'on les coupe du lien naturel avec les organes législatifs qui sont appelés à représenter le peuple.

En conséquence du contrôle qu'exerce l'économie sur la politique, la démocratie se retrouve dans un processus de liquéfaction, dans lequel elle dissout la masse solide de citoyens et les exclut du bloc bureaucratique pour faire en sorte que l'économie puisse choisir les politiques appropriées, dans un ordre qui soit le plus profitable pour la bureaucratie, bien au-delà de la volonté collective. « Ainsi, le libéralisme est-il conçu comme un être transcendant, et donc, comme un concept dangereux, mais aussi comme l'expansion de l'univers politique, en préférant l'État des magnats à celui des procédés garantis et convenables.»[45]

« Le suffrage et l'opinion sans effets inaliénables se constituent dans des formes de participation démocratique, tandis qu'ils font disparaître les contrôles et les contrepoids démocratiques pour que les institutions publiques servent l'intérêt général et non l'intérêt économique particulier. »[46]

Alors que le totalitarisme classique favorise davantage la formation d'adeptes que de citoyens, le totalitarisme inversé pointe dans une direction similaire, parce que son intention n'est pas de créer des citoyens, mais de les remplacer par des figures telles que « la souveraineté des consommateurs » et la également « démocratie des actionnaires », qui donnent une sensation de participation dépourvue d'exigences et de responsabilités. « Un régime inversé préfère avoir une citoyenneté qui est une complice absurde et critique plutôt qu'engagée ».[47] En

---

[45] Cerroni Umberto. La Democracia como estado de cultura. En P. Santana (Ed.), *Las Incertidumbres de la Democracia.* Bogotá, Foro Nacional por Colombia, 1995, p. 215.

[46] Stiglitz Joseph. *El descontento con la globalización.* En J. Stiglitz, E. Morin, C. Castoriadis, M. Castells, Z. Bauman, A. Cortina, & F. G. Isaza (Ed.), Pánico en la globalización" (págs. 57-88). Bogotá, Fundación para la investigación y la cultura, 2002, p. 56.

[47] Wolin Sheldon. *Democracia S.A. La democracia dirigida y el fantasma del totalitarismo invertido.* Buenos Aires, Katz, 2008, p. 107.

particulier, le modèle représentatif de démocratie se voit devoir être légitimé dans un processus qui va au-delà du pluralisme moral comme s'il ne s'agissait que d'une sorte de pari fait sur des accords liés au monde commun.

Dans l'actuel modèle représentatif de démocratie, il n'existe qu'un lieu pour adhérer au consensus des meilleurs arguments possibles, à ces jugements qui sont légitimés par l'égalité entourant la prise de décision des instances et des institutions qui s'instituent comme porteurs dans la volonté salvatrice de l'homme, dans l'idée d'une théodicée politique. Dans ce sens, le consensus habermassien est soutenu par le fait que seuls les discours des meilleurs polémistes justifient les manques argumentatifs des agents qui ne sont pas encore des ingénieurs sociaux.

3. *La démocratie consultative de l'Ecole de Francfort : le Tiers sacré du capitalisme libéral*

Le lien entre libéralisme et capitalisme trouve sa continuité dans les principes mêmes qui gouvernent la notion de démocratie. Il est certain que l'accomplissement d'une reconstruction historique du libéralisme et du capitalisme leur offre un avenir différent, leurs racines idéologiques se trouvant à des stades distincts. Cependant, dans la pratique de la politique, les deux puisent leur validité à la même source et ils ont tous les deux besoin du même modèle politique pour assurer leur caractère d'effectivité.

Tant qu'il y a un espace physique suffisant pour accéder à la propriété privée terrienne, le sens démocratique se fonde sur les droits favorisant l'accès à la possession et à la disposition de biens non fongibles. La propriété terrienne est soutenue par les dispositions qui assurent son usage, sa possession, son usufruit et son transfert commercial, comme une partie de la liberté économique. Mais l'octroi d'une telle liberté se cantonne à un niveau nominal pour la majorité qui, elle, n'a pas la possibilité d'accéder au capital et ce qu'il octroie avant tout, c'est la capacité des grands propriétaires d'augmenter leurs possessions.

Des notions comme la dignité humaine, l'autonomie et la liberté comme axes du sens démocratique, deviennent inaccessibles pour la majorité qui n'a pas accès au capital économique, puisque la notion d'égalité ne fonctionne alors que sur le plan juridique et politique, et non au niveau social et réel, là où cette notion se fonde en fait sur l'inégalité et la différence pour donner un sens à l'idée sophistiquée d'égalité entre égaux.

La liberté comme capacité de faire, n'est réalisable dans la mesure où l'individu a les moyens de pouvoir négocier avec cette liberté. Ernst Tugendhat[48] soutient que la possession de ressources économiques garantit dans les faits la mise en pratique de la liberté nominale et rend seule possible l'autonomie et la dignité des sujets ; il suffit de penser aux conditions d'indigence d'un habitant de la rue, ou d'un individu vivant dans des conditions de pauvreté extrême, pour mettre en évidence que dans une telle situation, il n'existe pas en fait la possibilité, la plus minime soit-elle, de transformer le droit au développement libre et personnel de soi en une réalité. La pauvreté et l'indigence des exclus nient toute possibilité de développement de l'individu.

Aussi alors que « les droits de l'homme doivent être non seulement une protection, mais également une possibilité d'autonomie ...l'autonomie y est menacée, non seulement par des interférences, mais aussi par le manque de conditions favorables. »[49] C'est pour cette raison qu'il faut ouvrir l'accès aux ressources économiques en tant que droit fondamental des individus, afin que le fait d'agir librement puisse devenir une réalité. Pour E. Tugendhat[50], ces droits économiques doivent être garantis par les gouvernements et être en faveur des individus, pour que le partenaire social puisse avoir la capacité d'agir librement en fonction de ses droits personnels. L'obligation qu'a le gouvernement de rendre les droits fondamentaux des individus effectifs se traduit par l'obligation de garantir les droits économiques afin qu'ils soient garants de la sécurité du caractère effectif des autres droits personnels. Dans cet ordre d'idée, on garantit l'autonomie et la réalité de la liberté individuelle, en permettant que l'individu puisse exiger « des choses comme des

---

[48] Tugendhat Ernst. *Ser, verdad y acción.* Barcelona, España: Gedisa, 1998, p. 252.

[49] *Ibid.*

[50] *Ibid.*, p. 253.

droits et, par conséquent, comme quelque chose qui lui est dû et lui donne un sentiment de non-dépendance et de respect de soi. »[51] C'est d'eux que découlent effectivement la dignité et l'autonomie de l'individu.

Le point final à débattre devient le « droit à la propriété », ce droit qui doit évidemment être cédé partiellement si les droits économiques sont acceptés. Or « le droit à la propriété n'est pas une liberté civile, mais une liberté économique, dans son contenu bien que ce ne soit pas le cas dans sa forme. »[52]

Ce qui ouvre la porte au contrôle effectif des instances politico-bureaucratiques de ce droit, c'est la liberté que confère la puissance économique, de telle manière que la notion de pleine liberté est soutenue par la capacité à la rendre effective, par la capacité à réaliser toute sa potentialité dans le cadre de son idéal éthique, s'il consiste bien effectivement en ce que son idéal soit réalisable dans un cadre éthique. Par conséquent, cette notion de liberté effective réaffirme la différence et l'inégalité réelle entre ceux qui peuvent librement agir et ceux qui sont cantonnés à une action optionnelle, à leur capacité de voter.

En fait, la possibilité réelle du plein exercice des droits que E. Tugendhat[53] propose se rapproche de l'idée de C. Schmitt[54] selon laquelle, ceux qui atteignent un succès économique ne sont reconnus que dans la collectivité liée à l'argent, alors que les autres en sont exclus. La société qui fonctionne en appliquant les critères économiques possède bien sûr des moyens suffisants pour laisser en dehors de ses circuits celui qui est victime de la concurrence économique ou qui n'a pas réussi en son sein. Ainsi il reste donc vrai que tout « perturbateur » peut devenir inoffensif d'une manière « tout à fait pacifique » et sans violence : plus concrètement, s'il ne s'adapte pas, on peut parfaitement le laisser mourir de faim.[55]

En réalité, l'augmentation des droits est directement proportionnelle à l'augmentation de la pauvreté, ce qui signifie

---

[51] *Ibid.*

[52] *Ibid.*, p. 254.

[53] Tugendhat Ernst.. *Problemas.* Barcelona, Gedisa, 2002.

[54] Schmitt Carl. *El concepto de lo político.* Madrid, Alianza Editorial, 2009.

[55] *Ibid.*, p. 78.

que la pauvreté est plus grande, proportionnellement, que l'étendue des droits qui, elle, n'est qu'un phénomène compensatoire et un symptôme de l'impossibilité d'accès à la richesse. La distribution de la richesse ne se produit pas en termes de capital économique, mais, comme l'affirme Thomas Piketty, en termes de financement des services publics basiques[56], comme la possibilité d'accéder aux droits conférés. En conséquence, « la redistribution moderne est construite autour d'une logique de droits et d'un principe d'égalité d'accès à un certain nombre de biens jugés fondamentaux ».[57]

Telle est la perspective politique qui réaffirme la nécessité de distinguer le sujet politique, du sujet sans politique. L'humanité est un concept qui, selon Schmitt est à l'extérieur de la politique, dans lequel le caractère de sujet politique ne correspond pas aux humains, et dans lequel ils ne peuvent pas avoir de statut social politique. L'humanité est la raison pour laquelle on lutte. Or ce n'est pas elle à proprement parler qui lutte : c'est pour cela qu'elle ne peut pas être considérée comme un agent politique. « L'humanité n'est pas un concept politique, une unité politique ou une communauté, et elle n'a pas de statut social politique. »[58] Il est clair que l'orientation du concept a deux intentions très concrètes : délégitimer la puissance de l'individu à s'élever contre l'*establishment*, puisqu'il agirait ainsi contre l'humanité (1), et, dépouiller de la condition politique tout individu dont les actions touchent à l l'*establishment* ou à l'institué (2).

Pierre Joseph Proudhon, cité par Carl Schmitt, remarque que « celui qui dit « l'humanité », essaie de tromper. Alléguer le nom d' "humanité", avoir recours à l'humanité, confisquer ce terme, compte tenu du fait qu'un nom si éminent ne peut pas être prononcé sans conséquences déterminées, peut seulement mettre en évidence la prétention terrifiante de refuser à l'ennemi sa qualité d'homme, de le déclarer hors-la-loi et hors de l'humanité, et ainsi d'encourager une guerre dont l'inhumanité serait des plus excessives. Mais à la marge de cette manipulation si politique du

---

[56] Piketty Thomas. *Le Capital au XXIe siècle.* P, Paris, Seuil, 2013, p. 766.
[57] *Ibid.*, p. 766.
[58] Schmitt Carl. *El concepto de lo político.* Madrid, Alianza Editorial, 2009, p. 84.

nom apolitique qu'est l'humanité, ils n'existent pas de telles guerres que les guerres de l'humanité. »[59]

C'est la loi, et non les individus, qui légitiment les regards et les formes d'exclusion qui se trouvent dans les discours que formulent ceux qui contrôlent la politique et l'économie : « Ainsi, la "règle de droit" ne signifie pas autre chose que la légitimation d'un statut social déterminé, stabilisant tous ceux qui s'intéressent au pouvoir politique ou à tout autre avantage économique trouvant sa stabilité au sein du droit. »[60] Les États qui essaient de s'extraire de longues périodes de guerre n'échappent pas à cela. Les possibilités de passer à un état de paix restent enchevêtrées avec celles, sans issue, qui sont fixées par le droit international en vigueur, pour lequel il est inaliénable de soumettre à la justice ceux qui négocient la fin de la guerre.

Dans la phase post-conflictuelle, l'un des principaux défis est la construction de la paix. Celle-ci est liée à un changement profond du système juridique international, en prenant en compte les outils concrets de la mise en ordre juridique internationale, comme ceux de la Cour Pénale Internationale. Ces outils sont encore à présent confrontés aux grands défis de pouvoir se consolider, alors qu'il est plus que jamais certain aujourd'hui , que les instruments juridiques internationaux n'ont pas la capacité d'affecter des décisions judiciaires antérieurement réservées aux autorités nationales puisqu'ils ne disposent pas de forces militaires leur permettant de faire violence à la violence.

Mais le libéralisme économique a très bien pensé ses enjeux et ses moyens. Ne libérant pas l'accès au capital pour faire de la liberté d'action une réalité, il rend la parole aux individus afin que, dans une forme limitée, ils puissent délibérer sur quelques sujets de la vie publique, bien qu'ils ne soient pas en capacité de délibérer sur des sujets d'ordre public et d'économie. Il suffit d'observer le cas colombien et les mécanismes de participation citoyenne dans lesquels certains sujets ne peuvent pas être abordés, comme les sujets relatifs à l'économie, aux impôts, aux politiques d'internationalisation économique et de globalisation.

---

[59] *Ibid.*

[60] *Ibid.*, p. 95.

En reconnaissant aux partenaires sociaux leur capacité délibérative ainsi que leur capacité de langage et d'action[61], on en revient à l'idée d'égalité politique pensée, cette fois, depuis l'usage du discours de justification : mais il s'agit ici d'un cadeau empoisonné. La liberté délibérative habermassienne ne fait que réaffirmer abstraitement l'idée de la liberté comme l'inégalité à laquelle se réfère Jakob von Uexküll lorsqu'il reconnaît que la « liberté est ce qui permet à l'homme de manifester son inégalité. »[62]

Jürgen Habermas parle, quant à lui, de démocratie délibérative. Mettant en jeu sa théorie de la communication, il tente de compenser l'impossibilité physique de rendre les libertés politiques effectives par la notion d'usage argumentatif du langage. C'est la seule chose que l'individu puisse faire sans avoir besoin de capacité économique et sans réduire la tension entre liberté politique et liberté individuelle. Nous pourrions dire que c'est une notion de démocratie économique à très bas coût. Pour la mettre en pratique, il est seulement nécessaire de permettre aux partenaires sociaux d'entamer un dialogue à propos des possibilités de réflexion, pour qu'ils puissent finalement se mettre d'accord sur ce qui est déjà arrangé.

Rendre la parole aux partenaires sociaux permet à ces derniers de prendre part aux décisions qui les affectent, tant que leurs arguments prennent en compte les principes consensuels préalablement établis et que cela s'exerce uniquement sur des sujets autorisés. Le jugement délibéré ne peut pas être exempté du respect des linéaments rationnels universalisés et des conditions idéales présupposées par la théorie de l'action communicationnelle dans les trois dimensions de la raison pratique : la dimension morale, la dimension éthique et la dimension pratique.

L'institution bureaucratique ne facilite pas à l'individu l'activation du discours qui va lui permettre de se joindre à la discussion publique concernant les sujets qui l'affectent ou ceux

---

[61] Habermas Jürgen. *Teoría de la acción comunicativa.* M, Madrid, Taurus Humanidades, 1998.

[62] Von Uexküll Jakob. *Cartas biológicas a una dama.* Santiago de Chile, Zig-zag, 1957, p. 112.

qui l'intéressent. Le partenaire social doit affronter trois conditions pour pouvoir parler et sans lesquelles son discours ne peut pas être qualifié : pour parler et pour se prononcer sur ce qui l'affecte, ses affirmations sont liées à l'accomplissement des conditions de vérité, de rectitude, de véracité et d'intelligibilité. Dans le cas contraire, il restera exclu de la discussion. De plus, le respect de ces conditions permet aussi de prétendre à la validité des discours, et, pour qu'un discours soit valide, il devra être droit, véridique et compréhensible.

Les relations que les individus entretiennent quand ils discutent de quelque chose de relatif au monde de la vie, supposent la capacité communicationnelle des acteurs dotés du langage pour se comprendre dans le monde, ainsi que la faculté cognitive d'identifier des choses et des situations de ce monde. Il s'ensuit que lorsque nous problématisons un phénomène du monde objectif, de la société ou de la personnalité, la proposition trouvée remet en cause de manière spécifique et immédiate l'une des quatre prétentions implicites de la validité de l'acte de parole.[63]

Celui qui rejette l'offre faite, s'oppose automatiquement à au moins l'une des prétentions de la validité. « Quand le locuteur repousse un acte de parole en ne le considérant pas comme normativement correct, mais comme étant faux ou non véridique, ce qui s'exprime par le non ne veut pas dire que l'émission n'accomplit pas la fonction d'assurer une relation interpersonnelle (…). »[64]

Ainsi, le discours des partenaires sociaux dans le cadre d'une démocratie consultative est-il exclu de la discussion publique quand l'interlocuteur, habituellement un agent représentatif de l'ordre institutionnel bureaucratique, considère que le discours du partenaire social ne rentre pas dans l'un des principes prévus par la théorie habermassienne, et on l'exclut alors de la discussion. Dans l'ordre démocratique et institutionnel contemporain, les conditions habermassiennes établies ne sont remplies que dans les discours de ceux qui contrôlent le capital économique et les

---

[63] Habermas J.. *Pensamiento postmetafísico.* Madrid, Taurus Humanidades, 1988, p. 103.
[64] *Ibid.*, p. 177.

politiques des États qui ont la plus grande force navale et aérienne sur toute la planète. Les discours qui ont force de lois ce sont ceux qui sont appuyés par la force militaire et économique.

En réalité, dans le monde politique et social, la délibération se perd dans une tentative manquée de reconnaître de manière réfléchie le citoyen comme l'agent politique. La validité des discours n'est pas résolue grâce aux raisons que les agents discursifs exposent : la validité est définie par les instances qui contrôlent le consensus des discours au sein des appareils politiques transnationaux. En fait, les pratiques qu'exercent des groupes de résistance politique sont conceptualisées dans ces instances, et découlent de la raison discursive de ces organismes qui ont en charge de catégoriser ces pratiques comme licites ou illicites. Cependant, la théorie de l'agir communicationnel reconnaît que la légitimité des décisions et des normes peut seulement être respectée quand les personnes impliquées se prononcent par leur assentiment ou par leur refus de la décision mise en jeu dans le monde social[65], bien que, dans la pratique, ces décisions s'imposent pour des raisons bureaucratiques, face auxquelles importe peu l'assentiment ou le rejet de ceux qui en sont affectés.

La question fondamentale liée à ce genre de procédure de délibération en termes démocratiques, est de déterminer quel type de sujets peuvent être soumis au jeu de la délibération et donc, au jugement des partenaires sociaux, puisque toutes les problématiques ne peuvent pas être abordées. Les grandes décisions qui concernent les sujets médullaires de l'économie, du droit de procédure contre les États et de la politique publique des États, continueront d'être débattues par les instances institutionnelles qui assurent le consensus, et qui jugent au nom de la majorité et au nom du meilleur argument. Habermas assure que « l'axe du modèle libéral n'est pas l'auto-détermination démocratique de citoyens délibérants, mais la mise en place de normes (en termes d'État de droit) et d'une société pointée sur l'économie, qui, à travers la satisfaction des perspectives de

[65] Habermas J.. *Escritos sobre moralidad y eticidad.* Barcelona, Paidós, 1991, p. 101.

bonheur (toujours à caractère privé) des citoyens actifs, garantit un bien commun, compris dans un sens apolitique. »[66]

Ce qui est ici important, c'est que lorsque les normes et les décisions gouvernementales réussissent à se légitimer, en suivant le raisonnement habermassien invoquant le meilleur des arguments possibles, ces normes et décisions doivent rendre compte des nécessités communes et de leur acceptation par les partenaires sociaux du monde réel. Elles ne deviennent légitimes que dans les limites de l'argument considéré comme « le meilleur » de tous les arguments possibles, « car la soumission au meilleur argument dans la recherche des besoins universels et des normes universalisables doit prouver dans la discussion qu'il s'agisse bien de besoins et de normes ressentis par tous comme étant des objectifs communs, essentiels aux hommes et indépendants des désirs qu'ont certains de les faire reconnaître comme tels aux yeux de tous. » [67]

Rawls, dans le débat qu'il entretient avec Habermas[68], défend la notion de « liberté des Modernes », que nous retrouvons dans la liberté de croyance et de conscience, dans la protection de la vie, de la liberté personnelle et, particulièrement dans la possession de la propriété. Toutes ces libertés peuvent être résumées dans la liberté à la différence, à l'inégalité réelle : c'est une liberté envisagée comme opposée à la liberté des Anciens défendue par Rawls, c'est-à-dire opposée aux droits à la liberté politique de participation et de communication comme fondements de l'autonomie des citoyens. Que ce soit dans un sens ou dans l'autre, les deux formes de liberté sont liées dans l'horizon capitaliste libéral de la démocratie représentative, à la réaffirmation des possibilités reconnues d'action, et à la rationalisation des espaces de délibération et de participation publique.

---

[66] Habermas J., (09 novembre 2012). *Polis [En ligne].* (09 novembre 2012), Récupéré le 06 juillet 2015, de http://polis.revues.org/7473 ; DOI : 10.4000/polis.7473.

[67] Poulain J., *La Condition démocratique. Justice, exclusion et vérité*, Paris, L'Harmattan, 1998, p. 32.

[68] Habermas J. & Rawls J., *Debate sobre el liberalismo político.* Barcelona, Paidós, 2000.

La liberté d'action, la liberté des Modernes et des Anciens, en compartimentant les notions d'actions sociales, accèdent à une reconnaissance insulaire de cette liberté particulière d'action. En ce sens, Sartori[69] oppose à la notion du pluralisme de la diversité, l'idée de multiculturalisme, ce qui permet de mettre en évidence la manière par laquelle nous réussissons à éloigner les collectifs sociaux du plan politique, et à isoler les groupes à travers l'établissement de la différenciation pour interrompre le dialogue commun. Le multiculturalisme, lui, s'oppose au pluralisme. Au lieu de provoquer une diversité intégrée, il provoque une identité séparée de chaque groupe et, souvent, la crée, l'invente, la promeut. Le résultat du multiculturalisme est la création d'une société divisée en groupes hostiles entre eux, dans laquelle ces groupes se rattachent eux-mêmes à une identité forte, et, par conséquent, n'ont aucun désir d'intégration collective. Comme l'affirme Sartori, « le multiculturalisme ne dépasse pas le pluralisme, il le détruit. »[70]

Ceci nous montre que le multiculturalisme favorise l'isolation engendrée par le libéralisme économique à partir de l'individualisme, parce qu'il fonctionne comme un mur isolant les membres de la collectivité, les groupes sociaux et ethniques distincts, de même que les individus attachés à leurs diversités politiques, religieuses et sexuelles. L'objectif spécifique de ce mur d'isolation est d'empêcher le dialogue et la recherche de points communs qui permettraient d'agrandir le cadre d'identification et de reconnaissance mutuelle entre les membres.

Si l'individualisme est au principe de la déconnexion sociale, le multiculturalisme empêche la cohésion des groupes sociaux. Il est renforcé par la concession de droits différenciés qui reconnaissent les différentes identités de chacun des groupes. En orientant la pensée et le langage vers la reconnaissance d'identités différenciées, on complique la rencontre et la recherche de besoins communs identifiés à cette collectivité. C'est pourquoi le consensus qui y est obtenu est le meilleur des arguments possibles : tout comme la notion habermassienne, il juge en commun des situations communes, sans que les

---

[69] Sartori G.. *La Democracia en 30 lecciones.* Bogotá, Taurus, 2009.

[70] *Ibid.*, p. 124.

partenaires sociaux n'entrent en connexion directe les uns avec les autres dans la vie politique. Au contraire, on y cherche à découvrir l'argument qui juge tout au nom de tous. La rencontre du Tiers sacré du consensus est le fondement des arguments dans une discussion relative à des situations communes.

Il est évident que les jugements politiques anticipés par le consensus institutionnel sont la cause de nombre de maladies formelles de la démocratie. Le niveau d'abstentionnisme montre le malaise vécu dans la démocratie, orientée par « des représentants populaires » qui répondent à des intérêts et à des besoins particuliers, expose à une crise de procédure démocratique des élites étudiée par N. Bobbio[71]. En effet, les majorités, qui participent et contribuent à l'ascension des élites au pouvoir politique, se rendent compte de la représentation et de l'occupation des agents (qui représentent les intérêts d'une société économiquement forte) dans les espaces politiques et de la manière dont ils établissent les normes et les institutions qui ne représentent pas les intérêts et les besoins de la majorité. Ce qui intéresse la démocratie, c'est le rôle que joue la majorité dans le jeu de ces désignations. Elle exclut de toute discussion l'inégalité qui, en termes socialement réels, mesurerait la relation entre l'électorat et ses « élus ».

D'une certaine manière, Habermas[72] reconnaît que les discours institutionnels donnent une orientation qui définit l'individu et le pousse à obéir et à suivre une règle générale, à l'heure de juger les contenus des normes et des motivations qui fondent l'implantation de ces dispositions. De sorte que, « les raisons normatives peuvent seulement atteindre une efficacité régulatrice de type indirect si la production de ces raisons n'est pas régie par le système politique. Ainsi, les procédés démocratiques de l'État de droit cherchent-ils à institutionnaliser des formes de communication nécessaires pour la formation d'une volonté rationnelle. »[73]

---

[71] Bobbio N., *Ni con Marx, ni contra Marx.* Barcelona, Fondo de cultura Económica de España, 1999.

[72] Habermas J.. *Facticidad y validez.* Madrid, Trotta, 2008.

[73] *Ibid.*, p. 610.

Cependant, le processus communicationnel des partenaires sociaux envisagé comme l'instrument légitimateur utilisé pour juger de manière argumentée de l'ordre politique, reste soumis, quant à lui, aux justifications immergées de l'ordre juridique, qui opposent ses raisons, normalisées et légalisées par le processus législatif, aux raisons qui découlent de la communication des partenaires sociaux. « Le pouvoir légitime généré peut, grâce à une bonne communication, influencer le système politique s'occupant du pool de raisons auxquelles doit recourir le pouvoir administratif pour rationaliser ses décisions. Puisqu'il " ne vaut" pas pour tout, tout ce qui n'est pas "possible" est ce qui serait faisable pour le système politique si l'espace public politique et la communication politique (avant le système politique) ne réussissaient à le faire passer et si ceux qui doivent décider, réfléchissaient pour dévaluer à l'aide de contre-raisons, les raisons normatives auxquelles ils font allusion à l'heure de justifier leurs décisions. »[74]

À partir de là, il faut que les besoins et les désirs des individus restent reliés à une rationalité qui définisse à l'avance ses orientations et ses buts, pour faire du projet démocratique la seule nécessité et le seul souhait possible pour les partenaires sociaux dans un monde établi à l'avance, dans ce monde dans lequel la démocratie représentative définit les intérêts, les besoins et les désirs des individus, en même temps qu'elle réalise les jugements des partenaires sociaux en les utilisant comme « des arguments raisonnables » pour juger le contexte social et politique dans lequel se développent les individus. « L'État démocratique de droit devient le projet (qui, en même temps qu'un résultat, est un catalytique accéléré) d'une rationalisation du monde qui vise beaucoup plus loin que le politique. Le contenu unique du projet est l'institutionnalisation graduellement améliorée par des procédés de formation rationnelle, de la volonté collective, lesquels ne peuvent pas préjuger des buts concrets de ceux qui y sont impliqués. » [75]

La notion de pouvoir bureaucratique chez Weber expose clairement les limites de la démocratie contemporaine. Il est

---

[74] *Ibid.*, p. 609-610.
[75] *Ibid.*, p. 615.

évident que ce modèle n'est pas conçu pour permettre la formation de bons gouvernements, mais qu'il apparaît comme un instrument de sélection d'une classe dirigeante déterminée, non ouverte, qui répond aux orientations spécifiques qui laissent de côté ce que l'on connaissait comme l'art de bien gouverner. Ainsi, à la manière de ce que repèrent Bobbio et Sartori, la démocratie est-elle l'ensemble des règles minimales qui existent pour placer une élite au pouvoir. C'est pourquoi, pour ces théoriciens, la démocratie héberge intrinsèquement son propre ennemi, et il y est déjà à l'œuvre, parce qu'elle ne répond pas aux principes qu'elle prétend suivre elle-même et qu'elle laisse aux mains de certains, ce qui appartient à tous.

Le danger réel qui menace la démocratie n'est pas son ennemie officielle : la concurrence de contre-idéaux, mais la possibilité de réclamer une « vraie démocratie » qui filtre et répudie sa propre essence. D'après Sartori, le principe et la condition nécessaire pour un développement, supposent que pour passer de la démocratie électorale fondée sur l'opinion publique, à une démocratie où le *démos* décide par lui-même de chacune des questions importantes, « il faudrait un peuple vraiment informé et vraiment compétent. Sans cela, le système devient suicidaire. Si nous confions à quelques [hommes politiques] analphabètes le pouvoir de décider des questions dont ils ne savent rien, alors : pauvre démocratie et pauvres de nous ! »[76] «La démocratie est (...) le droit de la majorité dans le respect des droits de la minorité. »[77]

C'est pourquoi, la démocratie selon Sartori doit se comprendre comme un véritable espace de reconnaissance de la différence, dans lequel le respect d'autrui et de sa place dans le monde va au-delà des intérêts des majorités, et dans lequel l'égalité légale sert de contrôle des pressions que peuvent générer les majorités qui contrôlent la politique. En fait, il n'y a pas de sujets souverains : les communautés répondent à leur propre rationalité, la rationalité issue de leurs propres dynamiques, de la réalité de leurs propres besoins et intérêts, parce que l'homme libre qui était annoncé dans *Les Lumières* et qui a été réaffirmé

---

[76] Sartori G., *La Democracia en 30 lecciones.* Bogotá, Taurus, 2009, p. 40.
[77] *Ibid.*, p. 41.

par l'*Aufklärung* kantienne, n'est qu'une garantie présupposée pour obéir à une rationalité universelle. En ce sens, « l'usage public et libre de la raison autonome sera la meilleure garantie de l'obéissance, à la condition toutefois que le principe politique auquel il faut obéir soit lui-même conforme à la raison universelle. »[78] Ainsi, la notion de liberté annoncée par les modèles démocratiques de type capitaliste, informe-t-elle les partenaires sociaux des consensus provenant des pratiques bureaucratiques et institutionnelles dans lesquelles s'établissent les limites de la raison et de l'action concernant tous les aspects de la vie publique, qui est en réalité celle qui intéresse le moins les présidents directeurs généraux de la démocratie.

Ainsi, la théorie du consensus qu'énoncent aujourd'hui les adeptes d'Habermas n'est-elle qu'une réplique de la soumission à la raison universelle annoncée depuis *Les Lumières* jusqu'à l'*Aufklärung*. Elle renferme en elle-même l'orientation dogmatique de reconnaître un intérêt et une nécessité uniques pour tous, en transformant les besoins extérieurs à cette unicité en maladies du partenaire social. « L'injustice sociale qui caractérise actuellement l'expérimentation libérale de la justice dans le monde entier et la déconstruction mentale de la psyché qui en dérive, est le fruit d'une maladie de la réflexion et d'une erreur philosophique : la croyance en la nécessité de devoir guérir l'homme de l'ennemi qu'il représente pour lui-même, tel qu'il est présumé l'être dans ses désirs, car on considère alors que c'est un être de désirs qui est l'ennemi de lui-même comme il l'est de l'esprit. »[79]

La raison universelle oblige le partenaire social à se cantonner aux limites qu'elle définit, avec la seule capacité de juger de ses propres besoins et d'exiger une participation dans l'espace politique en utilisant des critères préalablement établis, en reproduisant les discours qui définissent par anticipation les moyens de penser et de juger des situations du monde, sans jamais transgresser la parole sacrée du droit. « Car l'exercice du jugement politique au niveau de la justice consiste à faire réaliser

[78] Foucault Michel, *Dits et écrits* (Vol. IV), Paris, Gallimard, 1994, p. 436.

[79] Poulain Jacques. *La Condition démocratique. Justice, exclusion et vérité*, Paris, L'Harmattan, 1998, p. 3.

par autrui et ne réaliser soi-même que ce que l'on a pensé qu'on était. Cette inversion du primat de la raison pratique vers un primat de la raison théorique aboutit à un primat du jugement de vérité qui s'y trouve ainsi restauré. En les "guérissant " tous les deux, ils désaliènent de la recherche morale d'une sagesse où la délectation ultime et le bien suprême résident en une seule et unique jouissance, celle de se savoir libre par rapport à autrui, par rapport à soi-même et par la suite, de se sentir l'égal de tout partenaire social. »[80]

Le pari que fait le capitalisme à travers son usage du modèle démocratique est celui d'obtenir des partenaires sociaux qu'ils se reconnaissent dans ce qui leur est donné, et qu'ils s'identifient aux jugements anticipés qui définissent les relations sociales, sans que cela n'ait à passer par un jugement de reconnaissance individuelle à l'extérieur des cadres délimités pour reconnaître le monde. « Car on réussit à se libérer de la folie qui existait dans le rapport politique : on en oublie la conviction qu'il est possible d'arrêter de s'identifier magiquement et abstraitement à tous les rapports sociaux ou vitaux auxquels on a dû s'identifier pour pouvoir les penser. De cette façon, on libère l'autre de lui-même et c'est comme si l'on devenait quelqu'un d'autre, comme si l'on était aliéné par ce qu'ils nous ont fait pour s'emparer de notre esprit. »[81]

La promesse du capitalisme avancé se concentre maintenant sur la notion pragmatique de la politique, sur la liberté que les individus acquièrent en réalisant et en envisageant leurs désirs comme étant le résultat de leurs actions, à condition de ne pas outrepasser les limites des désirs qui sont déjà définis de manière anticipée par le consensus. Ce consensus établit préalablement un accord commun autour des besoins et des normes qui sont considérées comme étant acceptés par tous les partenaires sociaux, sans autre jugement.

« On invoque donc, comme l'écrit Poulain, le consensus de la même manière que les sociétés archaïques invoquaient les Tiers divins : l'existence de ce consensus suffit pour juger de la validité et de l'objectivité de ce sur quoi on tombe d'accord, comme

[80] *Ibid.*, p. 42-43.
[81] *Ibid.*, p. 43.

l'existence des Tiers divins suffisait à juger la validité des désirs de ceux qui se mettaient en rapport avec eux parce qu'ils incarnaient ces désirs. Ils validaient ces désirs en garantissant d'avance leur satisfaction : grâce à eux, le monde lui-même répondait déjà de façon favorable au besoin ressenti par tous de les satisfaire. »[82] La limitation du jugement critique de l'individu opérée comme résultat de la croyance dans le consensus, produit l'effet de réduire en même temps les possibilités de s'opposer à la raison anticipée, qui découle de ce consensus puisque celui-ci prétend être la raison universelle acceptée par tous les membres de la collectivité.

Le problème que pose cette notion de raison consensuelle est dans la mondialisation des normes juridiques d'une communauté internationale qui juge désormais la justice des peuples, en se justifiant dans le discours de défense des droits de l'homme, et qui empêche des peuples, eux-mêmes victimes de la barbarie, de décider de manière autonome de ce qu'ils vont faire des bourreaux une fois la fin de la guerre décidée.

Les organismes internationaux de défense des droits de l'homme se sont octroyé le droit de se substituer aux partenaires sociaux pour penser et juger en leur nom, en décidant pour eux de ce qu'il faut soumettre au débat judiciaire et de ce qui en est exclu. Ces organismes agissent comme s'ils représentaient une conscience morale au service du collectif de l'humanité, en prenant des décisions au nom de la majorité et en se substituant à la faculté instituante des collectifs de décider de ce qu'ils veulent faire de leurs vies, utilisant ainsi l'image sacrée qui leur donne le droit de parler et de juger au nom de tous.

Ce que devraient faire les organismes internationaux défenseurs des droits de l'homme, c'est de préférer ces droits de l'homme aux intérêts des corporations et des agences transnationales, et d'appeler les principaux acteurs capitalistes à rendre compte de leur responsabilité dans leur violation massive de ces droits et dans l'augmentation de la misère qu'ils

---

82 Poulain Jacques, *L'âge pragmatique ou l'expérimentation totale,* Paris, L'Harmattan, 1991, p. 132.

provoquent chez des peuples qui n'ont plus aucun accès aux conditions de leur développement.[83]

Les coûts sociaux pour augmenter le capital des corporations capitalistes sont élevés.[84] Les restrictions aux droits du travail et à la limitation de la valeur monétaire, qui permettrait d'accéder à des conditions de bien-être général, font que les coûts de production baissent et que les gains augmentent directement proportionnellement à la perte des droits étendus.

Si nous sommes réellement dans un modèle démocratique, alors ce que les individus ne doivent jamais perdre, c'est la parole, la possibilité pour eux de se prononcer par rapport à tout ce qui se produit dans leur monde, de décider des choses de leur monde et d'intervenir pour trouver des solutions aux problèmes qu'affronte leur monde. Mais en réalité, ce que font la démocratie et les agents transnationaux qui gravitent en elle, c'est de confisquer la parole aux partenaires sociaux, si bien que la parole ne leur est donnée qu'en l'empêchant d'être l'instrument servant à bouleverser les modèles politiques incompatibles avec le capitalisme privé.

Une grande partie de ce travail est accompli sous forme disciplinaire, par la pragmatique, qui a obtenu que la parole devienne une réalité dans les communautés, en étant déterminée avant tout par ses effets plutôt que par le dialogue raisonné que les partenaires sociaux peuvent établir dans leur contexte politique. « L'idée pragmatique, l'identification de soi à un but, poursuit un unique objectif : celui de se rendre identique à ce que l'on fait, afin que, quel que soit ce que l'on pense ou dise, on puisse présupposer que c'est imaginé depuis la volonté technologique de soumettre l'environnement à ses propres buts. Elle est la vérité a priori qu'on ne peut pas juger, car on ne peut pas tolérer la fausseté de quelque chose que l'on a soi-même créé. Cette idée est le « démon » de quiconque cherchant à réaliser un ensemble d'actions en vue d'obtenir un but connu. »[85]

---

[83] De Sousa Santos Boaventura. (2010) *Descolonizar el saber, reinventar el poder,* Montevideo, Trilce, 2010, p. 89.

[84] Castoriadis Cornelius. *Figuras de lo pensable.* Buenos Aires, Fondo de Cultura Económica, 2005, p. 88.

[85] Poulain Jacques, *L'âge pragmatique ou l'expérimentation totale,* Paris,

L'homme analyse ce qu'on lui présente en appliquant les jugements de tiers qui lui expliquent comment il doit comprendre ce qui lui est présenté, et comment il doit s'intégrer dans le monde social, au-delà de tout besoin particulier qui a été pensé pour lui de manière autonome. Dans le monde de la démocratie, les consensus n'identifient pas les partenaires les uns aux autres, ils définissent les besoins des partenaires sociaux dans un contexte politique spécifique.

Après tout, comment est-il possible de continuer à considérer la démocratie comme réfléchie et délibérative, quand la parole et le jugement s'imposent à l'individu par des tiers institutionnels qui parlent et jugent en son nom ? quand la parole lui est donnée au nom de la représentation, et qu'on lui refuse en même temps la parole comme produit de ses propres jugements, qui jugent eux-mêmes le monde en marge des lignes de pensée et de discours qui déterminent comment les individus doivent juger ?

Il ne faut pas perdre de vue que le libéralisme jongle entre l'éthique et l'économie, entre le discours du fait d'avoir à être et celui de pouvoir avoir, toutes deux appuyées par un droit, qui règlent les relations entre l'État et l'individu, et qui garantit le droit au développement de l'individu comme droit d'assurer sa propriété privée, centre des pôles de l'éthique et de l'économie.[86]

Ainsi, en isolant le jugement objectivant du monde que produisent les individus, du jugement institutionnel et bureaucratique qui juge à l'avance des sujets communs, on neutralise les dialogues intersubjectifs, l'on consolide les notions universelles qui régissent le monde social et l'on refuse toute autre notion qui cherche à questionner l'institué.

Il n'est pas possible que les universaux du libéralisme entrent dans une dialectique avec les notions qui substituent l'individualité au politique, en opposant, par exemple, la notion d'accumulation à celle de distribution équitable. Une approche opérée dans ce sens supposerait que l'institué deviendrait un ennemi qui ne tarderait pas à être catalogué comme tel, afin de

---

L'Harmattan, 1991, p. 210.

[86] Schmitt Carl, *El concepto de lo político.* Madrid, Alianza Editorial, 2009, p. 99.

pouvoir lui opposer les éthiques universelles qui le catégorisent comme l'« ennemi de tous ».

Quand l'État combat son ennemi politique au nom de l'humanité, il ne s'agit pas d'une guerre de l'humanité mais d'une guerre dans laquelle un État déterminé, cherche à adapter un concept universel face à son adversaire, pour s'identifier à lui (aux dépens de cet adversaire), de la même façon que l'on peut faire un mauvais usage de la paix, du progrès et de la civilisation dans le but de les revendiquer pour soi-même, tout en les refusant à l'ennemi. Le terme d'«humanité» est l'instrument le plus utile pour les expansions impérialistes, et, dans sa forme éthico-humanitaire, cet instrument constitue un véhicule spécifique de l'impérialisme économique.[87]

Il vaut la peine de se demander, au milieu de tout cela, si, réellement, le destin de l'individu est la politique ou plutôt l'économie. Il ne fait aucun doute que les orientations politiques soient clairement dirigées selon une perspective économique, dans laquelle les dynamiques du marché et du capital déterminent les limites de la politique ; il est clair que le droit est l'instrument efficace pour construire la réalité que demande l'économie.

La pire des confusions est celle qui se produit quand des concepts comme ceux de droit et de paix sont politiquement manipulés pour entraver une pensée politique claire, pour légitimer ses propres aspirations politiques et pour disqualifier ou démoraliser l'ennemi.[88] Il faut se demander, jusqu'où il est possible de soutenir l'idée politique de démocratie, dès lors que son « esprit économique » est conditionné par l'individualisme opposé à toute forme de collectivité, dans lequel l'état de bien-être ne semble ni assez confortable ni assez efficace pour développer une dynamique de marché libérée des contrôles étatiques, ni pour réguler des formes d'intégration sociale en fonction d'une représentation normative de la raison humaine.[89]

La réponse à une démocratie gouvernée par le libéralisme économique est d'utiliser tous les pouvoirs de surveillance,

---

[87] *Ibid.*, p. 83.
[88] *Ibid.*, p. 94.
[89] Lenoble Jacques, *Droit et communication. La transformation du droit contemporain.* Paris, Les Éditions du Cerf, 1994, p. 56.

d'évaluation et de dénonciation, comme des actions politiques[90] pour intervenir dans les programmes gouvernementaux du capitalisme. Mais cette forme de démocratie de surveillance et de contrôle exercée par les citoyens ne permet pas de remplacer les agents sociaux par des institutions bureaucratiques qui représentent les intérêts de la gouvernance d'entreprise et des multinationales au sein de l'économie.

La surveillance, l'évaluation et la dénonciation des actions des gouvernements neutralisent la manipulation des citoyens par la démocratie représentative. Aussi, les politiques gouvernementales restent-elles soumises à l'action politique des acteurs sociaux.

---

[90] Rosanvallon Pierre, *La contre-démocratie. La politique à l'âge de la défiance.* Paris, Seuil, 2006.

II

La liberté de jugement comme légitimation du vrai contre l'animisme juridique

Dans ce chapitre, nous tenterons de montrer que la théorie de *l'action communicative* de J. Habermas, opère un retour aux formes de légitimation de la raison pratique. La raison habermassienne ou raison communicative, ne libère pas le jugement des individus, mais, sous le couvert du meilleur argument, fige et neutralise les individus qui jugent les normes ou les situations politiques à partir de ce qui a été déterminé dans l'accord ou dans le consensus qu'ont défini les meilleurs argumentateurs ou les ingénieurs sociaux.

D'abord, nous présenterons les problèmes posés par la légitimation politique et ses implications chez l'individu. Ensuite nous attesterons du retour de la raison communicative habermassienne aux limites que la raison pratique impose à l'exercice du jugement critique, et, pour finir, nous établirons les limites que la rationalité communicative pose à la liberté et à l'autonomie de l'individu. Ce modèle de légitimation des institutions et des normes, soutenu dans le formalisme normatif, produit, à nos yeux, une impasse face aux problèmes de reconnaissance de l'ordre social et à la reconnaissance des individus comme acteurs de la formation de l'ordre institutionnel.

Nous pourrions soutenir que le modèle normatif de légitimation soulève un problème pour deux raisons : d'abord, parce qu'il suppose d'abandonner l'idée de l'homme comme origine des institutions et de leur légitimité, ensuite, parce que l'unique possibilité de reconnaissance des normes y est octroyée au positivisme. En substituant à la réalité de l'homme un imaginaire rendu possible par la parole de l'homme lui-même, l'individu est déplacé et soumis à une unique possibilité, une unique croyance, celle qui est placée dans la légitimité de l'ordre légal. On ne peut penser qu'en se soumettant à une seule croyance : celle selon laquelle les normes ne sont légitimées que si elles sont dictées par un organe compétent pour cela.

Cela signifie, d'une part, qu'il n'est pas possible que l'individu remette en question les normes et les institutions, et d'autre part, qu'il n'existe pas d'espace pour juger de l'état des choses, ni pour juger de l'objectif des normes et la façon dont fonctionnent les institutions. Mais qu'est-ce qui rend possible l'annulation du jugement critique chez les individus ? La réponse à cette question semble moins problématique si l'on assure que c'est le produit d'une limite que l'individu s'impose lui-même face à l'impératif kantien *Sapere aude* : « ose penser par toi-même », puisque tout se limiterait à une simple négation de la liberté individuelle, et que, dans cet ordre d'idées, l'unique responsable est l'individu lui-même.

Bien que l'unique personne qui puisse activer sa faculté de jugement soit l'individu lui-même, il n'en subsiste pas moins certains facteurs extérieurs qui tentent d'annuler la faculté critique de jugement. Cette annulation se produit à partir des jugements universels nés des procédures argumentatives conditionnées, ce qui rejoint la conception kantienne de l'auto-négation de sa propre autonomie par l'exercice du jugement critique.

Si le principe kantien « ose penser par toi-même » fait référence d'une part à l'exercice de la faculté critique de jugement, et, d'autre part, à la liberté et à l'autonomie de l'individu, cela suppose d'identifier que la faculté de jugement chez Kant est le point de départ pour démontrer deux choses : d'une part, le remplacement du sujet légitimateur des institutions sociales par des instruments institutionnels qui excluent le jugement de l'individu pour donner une validité à un ordre positif, où c'est l'institution qui légitime le jugement de l'individu (1). Et d'autre part, on maintient l'être humain dans sa condition d'*animal dépourvu,* qui affecte aussi l'autonomie du jugement, dans la mesure où l'on cherche à ce que les institutions se chargent de résoudre les problèmes du monde social à la place des individus : la responsabilité et l'imputation de ces derniers sont transférées à l'institution et à ceux qui la gouvernent (2).

Dans la perspective kantienne, la faculté de jugement est conçue comme le plus important exercice de la liberté individuelle qui permet à l'individu de sortir de l'état de minorité et d'atteindre sa propre autonomie. Le problème consiste donc ici à ne juger que d'après des jugements préconçus par un tiers, par un tiers à qui nous remettons notre liberté individuelle d'élaborer des jugements, instaurant un mécanisme auquel nous finissons par rester soumis.

Tant de liberté semble dangereuse pour la stabilité des institutions dans notre contexte, parce qu'elle rompt l'équilibre établi par ceux qui contrôlent le déséquilibre social et économique du monde. La conception de liberté critique postulée dans la théorie de Max Weber nous permet de constater que la notion de jugement critique est diluée dans le mandat qui ordonne à l'individu de croire au fait de ne pas se reconnaître dans les normes pour les valider. La question émergente devient celle-ci : l'individu et son jugement sont-ils pris en compte à l'heure de valider une norme ou une institution ? Il apparaît que, dans cette perspective, l'individu a été remplacé par cette norme ou par cette institution. Cet état constitutionnel de « minorité » engage la volonté de l'individu, considérant qu'il se soustrait à sa propre autorité, en renonçant à sa liberté et à son autonomie, dès lors qu'il accepte l'autorité d'un autre pour nous conduire là où il convient d'utiliser la raison.[91]

Les trois exemples que Kant offre quant à l'état de « minorité », relatifs à la substitution de la compréhension, de la conscience et de la manipulation de la volonté par des agents tiers, peuvent s'illustrer de la façon suivante : quand un livre occupe le lieu de notre compréhension, quand un maître spirituel occupe le lieu de notre conscience et quand un médecin décide de notre régime.[92] Ces exemples nous permettent de considérer que, dans certaines occasions, l'*Aufklärung* kantienne se trouve obstruée par les jugements normatifs dont la prétention à l'universalité se substitue impérativement au jugement des individus.

---

[91] Foucault Michel. *Sobre la ilustración,* Madrid, Técnos, 2004, p. 74.
[92] *Ibid.*, p. 74-75.

Est-il possible que l'individu soit conçu comme un être autonome ? Le sujet ne se limite pas à juger de la minorité de l'individu qui se soustrait à l'impératif kantien, sans examiner ce qui fait que l'individu se soustrait à l'impératif « ose penser par toi-même ». Ce que nous essaierons de démontrer ici c'est qu'existent des impératifs qui substituent au jugement individuel, le jugement institutionnel en établissant une condition externe à la faculté individuelle de juger. Il est clair que la notion liée à la faculté de juger chez Kant est relative à la liberté et à l'autonomie de l'individu. Cette condition qui limite la faculté de juger et qui s'établit depuis l'ordre institutionnel constitue un attentat à ce qui est au cœur de la liberté individuelle : la pensée.

Mais, comment l'individu se retrouve-t-il dans (ou ne réussit-il pas à sortir de) l'état de minorité, sans s'en apercevoir ? comment l'individu réussit-il à faire le pas vers l'état de majorité au milieu de conditions institutionnelles qui lui disent toujours déjà : « nous pensons pour vous ». Ne s'agit-il pas d'un transfert, non seulement de la volonté de cet individu, mais aussi de sa responsabilité ?

1. De la rationalité communicative au sujet sans responsabilité

Le chemin entrepris par la *théorie de l'action communicative* n'est pas différent de celui proposé par la raison pratique. Par la raison pratique, l'État social substitue des raisonnements institutionnels aux raisonnements des individus. La raison communicative ne réussit pas, chez Habermas, à dépasser sa propre critique de la raison pratique, car elle retombe dans les mêmes orientations conventionnelles coercitives que celle-ci.

Pour Habermas, cette raison communicative diffère de la forme classique de la raison pratique, car la raison fondée sur la communication n'est pas une source de normes d'action. Elle n'a un contenu normatif que dans la mesure où le sujet de l'activité communicationnelle est obligé d'accepter certaines présuppositions pragmatiques de type contrefactuel[93], en

[93] Habermas Jürgen. *Droit et démocratie. Entre faits et normes,* trad. Rainer Rochlitz et Christian Bouchindhomme, Paris, Gallimard, 1997, p. 18.

présupposant le bien-fondé qu'il a d'obtenir ainsi la reconnaissance de la validité des jugements en dehors d'un appareil institutionnel étatique.

Or, si la raison fondée sur la communication s'opère à partir des prétentions à la validité, sans offrir d'orientation concrète pour résoudre les tâches pratiques,[94] comment peut-on expliquer que les individus impliqués dans la discussion agissent librement quand le jugement qu'ils soumettent à une validation est soumis d'avance à des critères de vérité propositionnelle, de rectitude normative et de véracité subjective ? Le problème n'est pas tant l'aspect procédural qui se trouve dans la raison communicative, mais ce qui résulte de cette procédure : la manière dont s'impose l'accord final, c'est-à-dire qu'il est ce qui résulte de l'exercice du principe de discussion dans les termes posés par la théorie du droit.

À partir du principe de discussion, Habermas tente de concilier la condition impérative que les accords communicatifs contiennent et la validité dérivée d'une discussion argumentée qui aboutit à une décision, résultat d'un consensus. Mais son sujet citoyen semble considérer seulement ce qui se produit à partir de la raison pratique, dès lors que les institutions ont assumé le rôle d'agents légitimateurs de cette même raison pratique. Or, l'accord obtenu à partir de la raison communicative, n'est pas légitimé en-dehors d'un ordre institutionnel, puisque l'accord auquel les agents parviennent dans leur processus argumentatif suppose une légitimité interne, que Habermas a appelée « le meilleur argument possible ».

Pour Habermas, « les sujets capables de pensée et de langage sont en mesure de prendre position par « oui » ou par « non » par rapport à quelque pensée que ce soit ; c'est pourquoi l'acte de jugement s'ajoute au fait pur et simple d'avoir une pensée. Un fait n'est exprimé que par une pensée affirmée ou par une proposition vraie. Par le moyen de la validité du jugement ou de la proposition, l'appréciation affirmative d'une pensée (ou le sens assertif d'une proposition énonciative) introduit un autre type d'idéalité. »[95]

---

[94] *Ibid.*, p. 19.

[95] *Ibid.*, p. 26.

Le fait est qu'Habermas reconnaît la capacité de l'individu à juger les faits avec sa propre pensée, en exprimant une affirmation ou une négation à leur égard. Mais cela ne suffit pas pour considérer l'individu comme libre de juger son propre accord au résultat de la discussion argumentée. Et que dire de ceux qui, sans participer à la discussion, auront à s'assujettir au résultat de la raison communicative ? L'exercice de la liberté de juger, d'exercer la pensée au sein de l'état de majorité, se limite ici seulement à suivre la procédure de la discussion intersubjective parmi les personnes impliquées dans la discussion. Au-delà de l'accord final, l'unique possibilité de penser pour l'individu qui reste lié à l'accord, réside en la croyance en un meilleur argument possible qui se substitue au jugement critique des individus, et oriente le retour à l'état de minorité.

La reconnaissance intersubjective des individus ne peut pas être limitée seulement à ceux qui interviennent dans la discussion : cette reconnaissance doit s'étendre au-delà des cercles de discussion, puisque les effets des accords consensuels ne se limitent pas uniquement à l'espace intersubjectif, mais vont au-delà de l'espace de discussion et du temps dans lequel sa validité et son contenu sont considérés comme valables. Ceux qui interviennent dans la discussion argumentée, sont aussi obligés de reconnaître ceux qui auront à se plier à l'accord obtenu, puisqu'ils sont de la même façon les destinataires, eux aussi, de cet accord. En ce sens, la reconnaissance doit être amplement englobante, étant donné que les effets et la validité sont extensibles à tous ceux qui sont en-dehors de la procédure de discussion.

Selon Habermas, la prétention à la validité justifiée d'un proposant doit à la fois être susceptible d'être défendue au moyen de raisons contre les objections de ses opposants éventuels et pouvoir compter sur un accord rationnellement motivé de la communauté d'interprétation dans son ensemble.[96] Le problème se présente lorsque cet accord est anticipé par rapport à sa validation.

---

[96] *Ibid.*, p. 28.

Si l'accord entre les individus est tellement fort qu'il ne permet plus d'émettre d'objections, alors l'individu ne sort jamais de son état de minorité, et n'est jamais responsable des jugements contenus dans cet accord. La rationalité communicative reste prisonnière des mêmes désavantages théoriques et pratiques que la raison pratique. Elle reste prisonnière d'une inopposabilité de principe au contenu, entraînée par la croyance que l'accord résiste aux objections et ne doit pas être controversé.

Par conséquent, l'usage de la faculté de jugement dans le cadre de la rationalité communicative ne peut s'étendre au-delà de la procédure réfléchie dans laquelle les participants à la discussion, doivent arriver à un accord obligatoire pour tous, dans l'espace où la discussion s'établit.

L'usage de la rationalité communicative ainsi conçu ne constitue plus qu'une autre forme d'obstruction pour l'individu, dans sa recherche du dépassement de l'état de minorité. Au mieux il ne fait que favoriser un retour à celui-ci.

2. La production de la liberté et l'exercice de l'autonomie

Il suffit de juger le monde pour être libéré des liens qui assujettissent l'individu au moyen des jugements anticipés institutionnalisés de façon coercitive. La prétention de la rationalité communicative à laisser valider les devoirs et les normes dans un processus intersubjectif, ne présuppose pas d'emblée l'exercice de la liberté, ni celle des participants dans le processus communicatif, ni celle des participants qui restent attachés aux résultats de l'accord intersubjectif.

Habermas désire renforcer la compréhension intersubjective entre les individus qui se reconnaissent réciproquement quand il retire à l'institution positive le pouvoir de valider les devoirs et les obligations, les intérêts et les besoins des individus, parce que ce pouvoir de validation que les individus ont, permet à l'institution de marquer des limites à la liberté à partir de l'idée de la raison intersubjective.

Il ne suffit pas que les individus se reconnaissent dans l'accord réussi ; ce qu'il importe de réviser, c'est la manière dont cet accord est obtenu, par le biais de l'établissement d'une procédure réglée qui conditionne les participants eux-mêmes à la discussion par la fixation de conditions procédurales et par leur « capacité d'argumenter ». Les conditions procédurales aussi bien que les exigences de la capacité d'argumenter réduisent les possibilités de participation au processus de validation, car elles reconnaissent que certains individus seulement ont la capacité d'exercer la raison communicative. Cela montre que la raison intersubjective n'est une reconnaissance de la liberté que pour les spécialistes de l'argumentation, qui cherchent à tout prix à faire valider leurs propositions.

Or, si la raison communicative essaie de libérer les individus de la validation institutionnelle à travers des processus de communication argumentatifs, il vaut la peine d'examiner si la validation produite dans ce processus argumentatif qui mène au consensus, n'opère pas finalement un retour à la contrainte propre à la raison pratique, un retour controversé par Habermas lui-même. Il suffit de réviser la portée que Habermas donne à la notion du meilleur argument possible, pour confirmer que le jugement des partenaires sociaux est soumis à cette notion, et que les interlocuteurs ne peuvent pas argumenter en dehors des limites de ce meilleur argument, ce qui détermine par anticipation le jugement des individus et le résultat de la discussion.

Les vrais problèmes de l'accord de validation obtenu dans les termes de la raison communicative se trouvent dans ce qu'elle essaie de racheter : la liberté des individus. Comme nous le rappelle Jacques Poulain : « le consensus garantit sa propre objectivité en faisant faire l'expérience de l'indépendance de son occurrence par rapport aux désirs, aux croyances et aux intentions d'agir qu'y expriment les individus. Comme le préjugé métaphysique de l'identité de la pensée et de l'être paraissait limiter le connaissable et que l'aperception de cette limitation avait provoqué une révolution copernicienne dans la régulation du pensable, le préjugé métaphysique d'accord des interlocuteurs au consensus, semble limiter dynamiquement leur adhérence réelle à la parole et à l'expérience. »[97]

Dans cet ordre d'idée, la raison communicative ne libère pas les individus de l'imposition d'une autorité produite par la

---

[97] Poulain Jacques. *Les possédés du vrai, ou l'enchaînement pragmatique de l'esprit,* Paris, Cerf, 1998, p. 15-16.

validation du consensus : elle ne rachète pas non plus la liberté du jugement mais, au contraire, elle soumet les individus au jugement du Tiers sacré du consensus, qui ne peut être surpassé par personne.

Étant donné que le jugement qui se considère valide est seulement celui qui résulte de l'accord du consensus, auquel aucune autre raison ou pensée n'est opposable, la raison communicative finit par substituer à la liberté que l'individu obtient lorsqu'il juge le monde, un accord qui se considère fini et objectif, en s'installant dans l'esprit des sujets comme étant l'unique jugement possible. En conséquence, ce consensus parlera au nom de tous et nous parlerons tous à partir de ce consensus.

La rupture de la fixation au consensus et la réussite de la liberté et de l'autonomie s'opèrent à partir de la raison vraie comme remplacement de la raison communicative habermassienne, qui se manifeste à deux niveaux : à un niveau interne et à un niveau externe. Dans le niveau interne, elle se présente sous trois formes : 1) comme la conscience de penser ce que l'on dit, 2) comme la catégorisation de cette pensée comme étant vraie, et 3) comme la reconnaissance vraie de la vérité de ce que l'on dit. Dans l'ordre externe, en reconnaissant chez l'allocutaire la même catégorie vraie de ses pensées. C'est une reconnaissance qui va au-delà de la reconnaissance qui se produit dans la raison communicative (une reconnaissance dans l'accord), c'est une reconnaissance tant de la capacité de produire des jugements sur des situations du monde, que de la capacité à reconnaître la vérité de ce que l'allocutaire dit. Une reconnaissance intersubjective des participants dans le dialogue qui se produit au niveau des prétentions à la validité, par l'intermédiaire d'une compréhension commune de la situation et une interprétation commune des faits, laisse hors de la discussion tous ceux qui ne sont pas d'accord dans la compréhension de la situation et dans l'entendement des faits.

Quand Habermas essaie d'opposer aux intentions particulières de succès dans la discussion, les intentions filtrées par le consensus, il fait plus que restreindre les possibilités de discussion en commun et de jugement en commun. Car il faut tenir compte de ce que pour qu'un jugement atteigne le degré prétendu de validité, il ne peut pas exister entre les agents dialogiques une appréciation différente de la situation qui est discutée, ou une interprétation différente des faits dans la discussion.

De ce fait, l'affirmation suivante d'Habermas est très problématique : « pour les acteurs qui agissent en fonction de leur propre succès, toutes les composantes de la situation se transforment en faits qu'ils évaluent à la lumière de leurs propres préférences ; en revanche, les acteurs qui agissent en fonction de l'entente, ont besoin de parvenir à une compréhension commune de la situation et d'interpréter les faits significatifs exclusivement à la lumière de prétentions à la validité intersubjectivement reconnues. »[98]

Étant donné que la seule manière de valider ce que les individus pensent est de renoncer à ses propres jugements pour se reconnaître dans un accord intersubjectif, il vaut la peine de se demander, avec Jacques Poulain : « Qu'est-ce que présuppose toute situation de communication pour être législatrice ? Qu'est-ce qui donne force normative à la rationalité communicationnelle, que cette rationalité soit reconnaissable comme telle par le théoricien ou non ? »[99] Selon Poulain, il ne reste plus aux individus qu'à se reconnaître comme êtres « libres et autonomes » dans un ordre normatif et symétrique que personne ne peut identifier avant qu'ils ne parlent.

« Les interlocuteurs ne peuvent pas ne pas se présupposer être déjà ce qu'ils doivent faire mutuellement d'eux-mêmes par la communication, et ce qu'ils ne peuvent produire que par elle : se rendre autonomes les uns par rapport aux autres dans des rapports effectifs de symétrie. Ils ne peuvent pas ne pas présupposer réelle cette autonomie qu'ils doivent produire en respectant les règles de symétrie qu'impose la situation et le déroulement même de la communication. Ils doivent présupposer comme réelle la situation idéale d'autonomie communicationnelle sociale et psychique qu'ils doivent produire. Les interlocuteurs doivent se

---

[98] Habermas Jürgen. *Droit et démocratie. Entre faits et normes.* Trad. Rainer Rochlitz et Christian Bouchindhomme, Paris, Gallimard, 1997, p. 41.

[99] Poulain Jacques. *De l'homme. Éléments d'anthropobiologie philosophique du langage,* Paris, Cerf, 2001, p. 25.

reconnaître être déjà effectivement substituables les uns aux autres dans leurs pratiques d'énonciateurs et d'agents : par-là, ils font que la pratique de la communication par laquelle ils produisent la situation de communication comme situation sociale, soit conforme chez tous les partenaires à ses conditions d'existence. La symétrie des partenaires, le respect de l'interlocuteur qu'on laisse faire et dire ce qu'il veut faire et dire, le respect de l'alternance dans la pratique des rôles communicationnels, doivent empêcher de privilégier un quelconque rapport d'hétéronomie qui ferait d'un des interlocuteurs un moyen pour l'autre d'atteindre ses propres fins, ou le forcerait à reconnaître comme vérité ce qu'il sait pertinemment faux. »[100]

Quand un individu reconnaît que les effets des actes de parole performatifs d'ordre régulatif ne lui permettent pas de libérer sa pensée des forces coercitives pour se reconnaître ou non dans cet acte de parole, alors il doit activer sa faculté de jugement pour pouvoir émanciper son jugement de celui des autres, pour réaliser les actions que lui-même juge pertinentes et pour ne pas se contenter d'accomplir des actions que les autres jugent pertinentes pour lui.

Ainsi, la validité qui est obtenue à partir du processus de communication ne soumet-elle pas le jugement des individus à la validité contenue dans celle-ci. L'acte arbitraire de cette forme législatrice qui s'appuie sur des processus de communication conditionnés par les critères de la rationalité communicative, ne dispose que d'une possibilité mythique de justification pour isoler les circuits qui rendent possible la production de la pensée chez l'individu à partir de la perception : cette possibilité mythique est dans la croyance en la performativité des paroles. Cette croyance détourne l'intérêt des individus à juger le monde par le prisme de leurs propres pensés, et elle les convainc qu'il n'existe pas d'autre option que de faire ce que les autres nous disent de faire et de s'abstenir de juger ce que les autres ont déjà jugé.

Par conséquent, il n'y a pas lieu de croire à l'invulnérabilité de ce qui devient valide, car ce qui est valide doit pouvoir résister

---

[100] *Ibid.*, p. 25-26.

à des objections effectivement présentées[101], car cela implique une substitution des possibilités législatrices des individus dans la communication, et une restriction de la liberté et de l'autonomie de l'individu en ce qui concerne son exercice de penser et de juger.

La rupture de la raison communicative doit projeter la nécessité de reconnaître chez les individus leur capacité de communiquer comme condition nécessaire et suffisante pour prendre part au processus législateur, celle-ci étant l'unique réalité au moyen de laquelle des devoirs et des compromis d'action peuvent être validés dans le cadre d'une relation réfléchie. Comme il le dit : « Tout participant à une interaction communicationnelle est ainsi présupposé pouvoir être porteur d'un discours générateur et légitimateur de normes : chacun ne peut s'émanciper de l'aliénation véhiculée par des règles de langage injustifiables, que s'il peut dénoncer la validité de cette norme au niveau politique. »[102]

Par conséquent, penser et juger en commun, en reconnaissant cette unique condition, permet de casser la formalité du processus auquel la raison communicative est soumise, en évitant le chantage de la raison intersubjective, pour faire de la législation qui se produit dans la communication, un espace englobant et inaliénable de jugement, sans user de la contrainte consistant à forcer les individus à l'accomplissement des conditions formelles vraies, les conditions de rectitude et de véracité pour prendre part à la communication.

3. *De la dépendance du jugement à la prosopopée verbale*

La façon dont les individus conversent des situations du monde, identifient des besoins, établissent leurs fins, définissent leurs obligations et jugent des situations d'ordre politique, est caractérisée par trois aspects : (1) leur dépendance aux raisons discursives du consensus, (2) la prosopopée verbale des normes,

---

[101] Habermas Jürgen. *Droit et démocratie. Entre faits et normes*, p. 49.
[102] *Ibid.*, p. 27.

et (3) la capitalisation du jugement ou la cooptation du jugement par le capitalisme corporatif.

À présent, montrons dans quelle mesure le fait que les individus ne se reconnaissent pas dans leurs propres jugements, et entendent les remplacer par le jugement d'un Tiers sacré, est si problématique. Cela peut être expliqué à la fois à partir d'une perspective anthropologique et d'une perspective pathologique.

La condition d'animal dépourvu d'instincts extra-spécifiques oblige l'homme à créer des institutions qui ont deux fonctions concrètes : une fonction de décharge et une fonction d'orientation. Dans cette perspective, Gehlen affirme que les institutions apparaissent comme moyens d'orienter vers des tâches ou des circonstances d'importance vitale, ainsi que vers la reproduction, la défense ou la nutrition qui requièrent une coopération organisée et permanente. D'autre part, les institutions apparaissent comme des pouvoirs stabilisateurs ; ce sont des formes qu'un être humain incertain et instable par nature, rechargé affectivement d'émotions et de désirs, trouve pour les supporter, quelque chose qui lui donne confiance en lui et dans les autres.[103]

Chez Gehlen, la décharge est en rapport direct avec la libération de l'excès de décisions que l'homme doit prendre, de telle manière que la capacité à prendre des décisions est transférée aux institutions qui, finalement, prennent les décisions au nom des individus. Et, dans le cas de la fonction d'orientation, Gehlen conçoit celle-ci comme l'établissement de modèles de conduite pour la plasticité humaine. D'une part, dans ces institutions, sont mis au point et se poursuivent en commun les objectifs de la vie ; d'autre part, les individus s'orientent en elles vers des certitudes définitives sur ce qu'ils doivent faire et ne pas faire, avec l'avantage extraordinaire de stabiliser aussi leurs vies intérieures, de façon à éviter dans chaque opportunité d'entrer dans un conflit affectif, ou d'obliger chacun à prendre des décisions fondamentales. [104]

---

[103] Gehlen Arnold. *Antropología filosófica, del encuentro y descubrimiento del hombre por sí mismo,* Barcelona, Paidós, 1993, p. 89.
[104] *Ibid.*

Ainsi, pour Gehlen, la subjectivité des individus dépend des institutions, celles-ci la pourvoient des éléments qui lui permettent de construire son cadre de représentations du monde, ses convictions, ses idées, et les réactions à sa propre sensibilité. En conséquence, la destruction des institutions affecte directement la subjectivité, et abandonné par les institutions et rendu à lui-même, l´individu ne peut réagir autrement qu'en attribuant une validité générale à ce qui reste de sa vie intérieure (…).[105] Cela explique d'une certaine manière trois choses : (1) la dépendance de l'homme vis-à-vis des institutions, (2) son assujettissement à la volonté des institutions et (3) son renoncement à l'autonomie et à l'autodétermination.

Mais la dépendance de l'homme vis-à-vis des institutions produit un problème plus grand : l'isolement absolu par rapport à la réalité des relations politiques, cet isolement que J. Poulain qualifie d'« autisme politique ».

Selon J. Poulain, dans cet ordre pathologique, « l'enfant autiste, nous le savons, pense qu'il lui suffit de s'empêcher de parler pour empêcher l'événement traumatisant dont le souvenir le hante et le terrorise, de se reproduire. Il déconnecte, ce faisant, son système de réception sensorielle, son système de représentations et son système moteur. Il parvient ainsi à produire une perception indifférenciée de l'espace, où ne peut plus guère être reçue visuellement que la répétition effective de l'événement traumatisant lorsqu'elle se produit. Au niveau moteur, il s'adonne à des mouvements de décharge d'énergie qui échappent à tout vouloir. L'événement traumatisant que fuient les autistes nationalistes est celui de la généralisation de la paupérisation capitaliste et de l'asymétrie sociale qui en dérive. Comme l'enfant autiste, l'homme contemporain, voué à l'expérimentation totale de lui-même, d'autrui et du monde, se retrouve dans sa vie politique devant un mur de faits indifférenciés quant à leur valeur de vérité, tout aussi objectifs les uns que les autres pour qui peut les vérifier. »[106]

---

[105] *Ibid.*, p. 92.

[106] Poulain Jacques. *« L'autisme nationaliste et l'impuissance pragmatique à en guérir »* dans *Qu'est-ce que la justice ? Devant l'autel de l'histoire*, Saint-Denis, Paris, PUV, 1996, p. 86-87.

Cette perspective pathologique permet d'expliquer d'une certaine manière le fait que les individus ne peuvent pas se reconnaître comme sujets capables d'autonomie et d'autodétermination, en renonçant même à l'exercice de la parole, parce qu'ils considèrent que l'institution suffit et qu'elle peut parler à leur place. « C'est ainsi que, selon Jacques Poulain, l'homme nationaliste s'avère être d'essence pathologique : il fait l'expérience du fait qu'il ne dispose pas du fait même d'être disposé au salut nationaliste, ou plutôt, il éprouve, il ressent cette expérience, car il ne peut plus la réfléchir ni la reconnaître comme l'expérience même qu'il lui est impossible de faire lui-même, et ce, bien qu'il ne soit que cette expérience même. »[107]

Maintenant, ajoutons à cela le fait que l'individu attribue une vie aux choses à travers le langage, sans avoir conscience d'avoir à se séparer des choses dont il parle en croyant qu'elles lui parlent. Cela se présente chez le nourrisson et s'étend dans le temps ainsi qu'aux choses du monde. L'adulte se confond désormais avec les institutions, et va croire que celles-ci lui parlent, par lui, en projetant sa vie. L'émission-réception phono-auditive, entendue comme l'action par laquelle l'homme coordonne ses actions, fonctionne comme un mécanisme d'inhibition qui facilite la réalisation d'une action devant une multiplicité de stimulations reçues. L'émission-réception phono-auditive, qui remplace le système d'instincts qui manquent à l'homme au niveau extra spécifique, coordonne l'isolement d'une stimulation unique à la production d'un programme unique d'action, par rapport auquel les autres peuvent s'inhiber.[108]

Face à la multiplicité de stimuli que l'homme reçoit, l'émission-réception phono-auditive lui permet d'inhiber une multiplicité de stimuli, pour qu'il puisse seulement répondre à un seul et unique stimulus avec une action unique. Ainsi, l'émission-réception phono-auditive coordonne-t-elle le stimulus et les actions, pour que seules les actions fondamentales puissent être réalisées à l'intention d'une satisfaction des besoins essentiels de

---

[107] *Ibid.*, p. 88-89.

[108] Poulain Jacques. *La apuesta por la verdad. Crítica de la razón pragmática,* introducción y traducción del francés por William González, Santiago de Cali, Extremo Occidente, 2003, p.127.

l'homme. Dans cet ordre, l'émission-réception phono-auditive accomplit trois fonctions : (1) remplacer le système d'instincts qui manque à l'homme ; (2) coordonner des stimuli et des actions ; (3) inhiber des stimuli pour permettre la réalisation d'actions essentielles.

À cette coordination par la parole se joignent la fonction de décharge et la fonction d'orientation. La première permet à l'homme de décharger la pression de l'intensité émotionnelle qui émane du contexte, et, la deuxième oriente la conduite en sélectionnant des formes adéquates de décharges perceptives et motrices. Les expériences sensorielles de l'homme sont organisées grâce à l'usage des corrélations phono-auditives dans l'environnement. Selon Poulain, cette corrélation de l'homme avec l'environnement se produit à partir du moment où le nouveau-né transfère à l'environnement ses relations subjectives audio-phoniques ; nous vivons celles-ci dans le cri comme un appel à satisfaire les besoins (faim, douleur ou solitude), et comme une anticipation de cette satisfaction.

Mais le nourrisson n'a pas besoin de devancer sa réponse auditive comme il le fait avec le cri de faim ; l'émission-réception phono-auditive a un effet gratifiant immédiat à sa réalisation, puisque le plaisir auditif de réception est simultané au plaisir moteur de l'émission.[109] « L'enfant se fixe à l'émission phonique comme au geste moteur lui permettant de canaliser ses énergies parce qu'il vit cette émission phonique comme un appel qui reçoit simultanément sa gratification dans sa réception auditive, simultanée au son émis. (...) Le monde des sons entendus remplace, comme monde de gratifications sensorielles, le monde de gratifications nutritionnelles reçu en réponse au cri de faim. La possibilité qu'y découvre le nourrisson de s'y reconnaître et de s'y fixer, tient à l'aptitude qu'il développe de s'identifier aux sons émis en apprenant à en disposer : il apprend à contrôler l'usage des organes moteurs phoniques en anticipant

---

[109] Poulain Jacques. *La apuesta por la verdad. Crítica de la razón pragmática*, (W. González, Ed., & W. González, Trad.) Cali, Extremo Occidente, 2003, p. 127.

l'action consommatoire qu'ils provoquent, en apprenant à poser la voix dont il anticipe les effets ».[110]

Ainsi, l'émission-réception phono-auditive constitue-t-elle le fondement des relations de l'individu avec le monde, tout ce que l'individu voit et touche vit dans la communication. En fait, l'être humain se transforme lui-même en faisant de l'émission phonique l'unique réaction dont il ait besoin à un niveau dynamique, et de la réception du stimulus auditif à travers laquelle il est gratifié, l'action consommatoire vitale unique.[111] « La subordination de tous les phénomènes vitaux à l'émission-réception phono-auditive - leur articulation autour d'elle - s'effectue au départ dans une aliénation, dans une folie qui, au dire de Gehlen, accompagne toute la vie psychique : elle est reconstruite par lui comme identification au Tiers et se produit au départ dans ce que Guillaume d'Humboldt appelait une « prosopopée » verbale, dans cette expérience où le nourrisson fait parler le monde pour pouvoir le voir et s'y mouvoir. Chose et nourrisson confondus forment un Tiers, une réalité commune où le nourrisson ne distingue pas la chose de lui-même. Pas plus qu'il ne distingue ce qui est vu, de ce qui est entendu. »[112]

L'individu ne peut pas se différencier de son émission et de la chose qu'il mentionne, grâce à la charge de sens qu'a ce son et grâce à la gratification que produit l'émission/réception comme phase consommatoire. Ainsi, l'usage du mot fait que l'individu ou le locuteur ne se différencie pas de la chose ou du phénomène qu'il perçoit au moment où il parle ou parle de la chose nommée. Étant donné que l'individu ne peut pas se différencier des choses et de ce qu'il dit au moment où il le dit, le moment arrive où toute la charge de sens que le mot possède, suffit et satisfait au point qu'il ne faut pas aller jusqu'au référent nommé au moment où l'on parle de lui.

---

[110] Poulain Jacques. *Les possédés du vrai ou l'enchaînement pragmatique de l'esprit,* Paris, Cerf, 1998, p. 196.

[111] Poulain Jacques. *La apuesta por la verdad. Crítica de la razón pragmática.* (W. González, Ed., & W. González, Trad.) Cali, Extremo Occidente, 2003, p. 128.

[112] Poulain Jacques. *Les possédés du vrai ou l'enchaînement pragmatique de l'esprit*, Paris, Cerf, 1998, p. 200, 2001.

C'est seulement quand l'individu peut articuler les sons en propositions, qu'il peut se différencier des choses, et reprendre dans le verbe, l'expérience visualisée des choses, l'expérience de ce qui l'intéressait dans cette vision des choses, en faisant venir à la parole ce qu'il consommait de la chose, soit une vision d'action, soit la vision de la propriété de la chose vue. Dans le mouvement propositionnel lui-même, l'émetteur mime le mouvement de projection verbale d'isolation de la chose, en recourant au sujet de la proposition pour isoler son référent et fait apparaître par le prédicat, la réponse à la chose : l'aspect de celle-ci vers laquelle orienter le geste de projection référentielle.[113]

Ainsi, l'individu sort-il de l'indifférenciation qui se produit entre lui et la chose qu'il nomme. Cependant, il reste coincé dans l'indifférenciation avec l'émission propositionnelle. Il ne réussit pas à se différencier de la proposition qu'il émet à l'égard de la chose. « La parole imite ainsi la vision et tant qu'elle ne prend conscience que de produire du "sens ", elle ne connaît d'elle-même qu'une réalité analogue à la vision, qu'une métaphore de celle-ci, l'intuition ou la conscience. Elle fait d'elle-même une sorte de prosopopée visuelle qui se distinguerait de la vision réelle, par cette propriété qu'elle aurait de "se voir" elle-même, d'avoir conscience d'elle-même. Mais, même reconnue dans les limites de cette conscience, elle se différencie encore de la vision parce qu'elle peut se répéter comme vision "purement mentale", indépendante de la vision effective de la chose vue, indépendamment de sa présence et de la perception de ses propriétés. »[114]

Le passage à la prosopopée mentale peut assujettir la réalité du monde et des choses au mot même. La relation de l'homme à la réalité reste sujette à la manière dont le monde est construit propositionnellement. Le fait que l'individu n'ait pas besoin d'aller physiquement jusqu'à la chose pour la nommer propositionnellement, facilite l'accès à la réalité en recourant uniquement à l'action phono-auditive. Néanmoins, cela est hautement dangereux, puisque les discours officiels se convertissent en des réalités à caractère propositionnel, et les

---

[113] *Ibid.*, p. 201.

[114] *Ibid.*

réalités que les institutions produisent de manière propositionnelle se substituent à l'objectivité du jugement des individus.

« La prosopopée mentale consiste à ériger cette conscience de l'homme en réalité pour en faire son "âme" et la doter de cette propriété d'auto-perception accompagnant toute perception sensible au non sensible, accompagnant la pensée elle-même comme "écoute de l'écoute", une écoute détachée de toute autre expérience que de l'expérience d'elle-même. (...) Car même lorsque l'être humain cesse d'être animiste et de prêter la parole aux choses vues au soleil, à la lune, aux arbres et aux sources, il ne cesse pas pour autant d'être aliéné à un Tiers : Il continue en effet à assimiler les choses à ce qu'il en dit ou à ce qu'il en pense, prêtant ainsi à ses paroles et à ses pensées, cette intentionnalité de vérité qu'on appelle aussi leur propriété dite "d'objectivité". »[115]

Selon J. Poulain, l'individu vit la réception auditive du prédicat émis comme une action consommatoire qui constitue la réponse suffisante à sa propre émission. Dans cet ordre, pour que l'individu puisse comprendre ce qu'il dit dans sa proposition en l'absence de la chose qu'il rapporte, il est nécessaire que sa parole la rende suffisamment objective, comme elle l'est lorsque la chose nommée est présente. « C'est-à-dire qu'il a rattaché l'expérience de la compréhension de ce qu'il dit, avec l'expérience de la réalité dont il parle et surtout, avec l'expérience de la conformité de sa parole avec cette réalité, c'est-à-dire, avec la conscience de la vérité de ce dont il parle. »[116] Alors, l'énonciation peut se substituer à la vision et à la fonction tactile des choses décrites dès lors que l'expérience de l'énonciation que l'individu vit se présente comme suffisante, c'est-à-dire qu'elle est comprise comme objective et vraie.

Une expérience des choses qui ne serait pas propositionnellement organisée, équivaudrait à une absence d'expérience : la dynamique de la perception, de production de l'existence de

---

[115] *Ibid.*, p. 202.

[116] Poulain Jacques. *La apuesta por la verdad. Crítica de la razón pragmática,* (W. González, Ed., & W. González, Trad.) Cali, Extremo Occidente, 2003, p. 131.

l'acte de perception et de l'adhérence du vivant à ce qu'il en perçoit, est identique à la dynamique de l'énonciation propositionnelle, dite ou simplement pensée. La perception des choses reste identifiée et adhérente à la perception du langage ou de la pensée par laquelle nous accédons à ces dernières. « Même si elle permet de juger de l'objectivité de cette perception, l'expérience du jugement demeure donc habituellement dans l'horizon de la prosopopée mentale, elle obéit aux conditions de sensibilisation au jugement, qui restent dictées par l'adhérence perceptive aux sons émis et reçus, et ce, même si elle ne peut en être consciente. C'est cette adhérence à la conscience qui se reflète dans le sophisme pneumatologique. »[117]

En ce sens, le langage vient aider à organiser la vie institutionnelle des individus et à régler leurs propres vies mentales. Le langage constitue l'un des éléments régulateurs de la réalité et de la vie des individus ; il lui permet de se rattacher au monde et aux choses et de forger la réalité de son monde à travers des propositions. L'idée animiste que l'homme a des choses physiques, et la croyance que les choses lui parlent, se présentent de la même façon que lorsque nous créons l'institution à partir du social imaginaire. L'homme est convaincu qu'une institution comme l'administration judiciaire, la présidence, l'université ou l'économie parlent à sa place à travers la loi ou les normes, et en prime, qu'elles prennent une forme humaine chez le juge, le président, le recteur ou les entrepreneurs capitalistes.

Le problème qui existe à cet égard, consiste à faire se retourner sur lui-même l'être humain au lieu de l'homme archaïque, à la recherche de l'animalité des choses et des figures sacrées qui jugent le monde pour lui. Désormais le sujet est plus complexe car son archaïsme s'exprime au niveau des relations politiques dans l'ordre institutionnel lui-même : il croit que la seule chose capable de penser et réfléchir à sa place est l'institution politique. « Le même mouvement d'identification au Tiers politique porte la production verbale des institutions. »[118]

---

[117] Poulain Jacques. *Les possédés du vrai ou l'enchaînement pragmatique de l'esprit : exorcismes philosophiques*, Paris, Cerf, 1998, p. 203-204.
[118] *Ibid.*, p. 204.

Certes, cet archaïsme institutionnel ne fait plus qu'aliéner les individus en les incluant dans le même cadre de représentations, où les désirs et les besoins ne peuvent être objectivés et universalisées que par le biais de l'institution. « *Ces aliénations demeurent nécessairement des aliénations dans la mesure où elles rendent les interlocuteurs dépendants d'une tierce réalité, d'une instance transcendante à eux-mêmes et au monde, d'une instance qui est la réalité dont la parole, et elle seule, garantit l'accès à l'action consommatoire primaire ou à la gratification sociale dérivée.* »[119]

Dorénavant, l'homme croit que la communication argumentée peut le sortir de l'archaïsme politique, qu'elle peut l'aider à s'émanciper des discours institutionnels et des Tiers sacrés qui réfléchissent et résolvent les problèmes à sa place, alors que la communication raisonnée ne fait plus que recharger la figure du Tiers sacré qui soutient l'institution, pour éviter que l'homme ne sorte de l'aliénation totale. On ne fait en fait que remplacer une figure sacrée par une autre, tout en maintenant l'aliénation de l'homme en opérant ce changement.

4. La dépendance aux raisons discursives du consensus

La rationalité essaie de quelque façon de devenir un instrument qui reconnaît aux individus la possibilité de pouvoir se prononcer vis-à-vis des situations concrètes du monde, mais ne le leur autorise pas vis-à-vis de toutes. Si l'individu a la possibilité de faire appel à son jugement pour assumer une position à l'égard d'une autre situation ou d'un événement du monde, il n'y a aucun problème à donner à la rationalité un lieu d'excellence pour les processus instituants. En fait, ce serait le chemin adéquat pour l'exercice du jugement instituant.

Le problème est que la rationalité n'a pas été jusqu'à présent, l'instrument permettant aux processus instituants des agents sociaux de fonctionner librement. L'idée de rationalité instaure des limites pour que les agents sociaux exercent le jugement critique dans l'ambiance collective, non en imposant des mandats normatifs qui interdisent l'usage de la parole, mais, en ayant

[119] *Ibid.*, p. 206.

recours à l'utilisation de processus discursifs et argumentatifs qui obligent subtilement l'individu à s'y attacher, grâce à la différenciation entre le rationnel et l'irrationnel, entre le bon argumentateur et le mauvais.

En catégorisant comme usages rationnels uniquement ces procédés discursifs et argumentatifs dans lesquels l'intersubjectivité est conditionnée pour la formulation de bons arguments, on parvient à ce que les partenaires sociaux assument une ligne de raisonnement qui s'assujettit aux orientations institutionnelles, de sorte que n'importe quel jugement que l'on fasse en dehors de ces procédés, semble irrationnel aux partenaires sociaux et à l'usage de leur raisonnement.

En ce sens, seuls pourront intervenir dans la discussion intersubjective et présenter des arguments rationnels ceux qui ont la pleine compétence pour argumenter. Il ne s'agit pas d'une ouverture démocratique à l'exposition de raisons, ni d'une reconnaissance des capacités rationnelles des individus pour penser et pour juger le monde. Il s'agit plutôt de contrôler les discours et la raison, pour que l'exercice de la rationalité dans le domaine de la discussion argumentée n'échappe pas au contrôle qui s'applique depuis les institutions.

Sans aucun doute, le contrôle de la raison humaine passe précisément par le contrôle des discours et l'institutionnalisation des procédés et des contenus discursifs utilisés uniquement pour que les jugements des situations du monde s'accordent avec les attentes de ceux qui contrôlent les discours et leurs pratiques. Le contrôle du discours assure la stabilité du modèle, ou, tel que le soutient le pragmatisme de R. Rorty, la démocratie se protège en s'adressant à des sujets sans esprit critique et elle a le devoir moral de banaliser tout ce qui se passe dans le monde.

Il n'est pas tout à fait nouveau que le contrôle des discours constitue l'assurance-vie d'un modèle qui se consacre à contrôler les espaces de liberté mentale restant encore aux individus pour débattre intérieurement des situations du monde, pour débattre et juger au moins intimement et mentalement les états de choses. Cette forme de démocratie discursive est peut-être davantage un instrument qui donne force à ce que Sheldon Wolin nomme le *totalitarisme démocratique*, car de la même manière que la démocratie a facilité de quelque façon l'accès au pouvoir du national-socialisme et du fascisme, en se targuant de l'appui populaire pour atteindre le pouvoir politique absolu, le discours démocratique rationalisé sous couvert de certaines procédures devient seulement valable pour ceux qui argumentent sur la base des discours dirigés par les institutions politiques. Il s'agit d'y établir une façon d'argumenter pour un genre de discours qui doit utiliser un type d'individu précis : le bon argumentateur.

Nous nous référons à l'idée de totalitarisme démocratique ou de totalitarisme inversé de Wolin parce qu'elle permet d'identifier d'une certaine manière la dépendance des individus aux raisons discursives du consensus. En fait, le totalitarisme inversé est la manière subtile pour le capitalisme corporatif de contrôler les espaces politiques, en enlevant aux individus leurs facultés instituantes sans avoir recours à la force physique ou à la violence pour supplanter des modèles politiques ou idéologiques.[120]

Selon Wolin, « le totalitarisme inversé ne nécessite pas de renverser le système existant pour réussir. Il n'a pas de plan clair pour éliminer l'opposition, imposer l'uniformité idéologique ou la pureté raciale ou se rapprocher de la forme traditionnelle d'un empire. Il autorise la libre expression, vénère la Constitution Politique et agit à l'intérieur d'une machine bipartite qui, en théorie, sauvegarde le rôle du parti politique de l'opposition. (...) Cela suggère qu'il y a une autre dynamique en fonctionnement, une dynamique qui ne dépend pas en majeure partie des ressentiments contre la forme de gouvernement ni du système social répandu. »[121]

Dans le totalitarisme inversé qu'évoque Wolin, la politique est subordonnée à l'économie, elle la contrôle au point d'intervenir dans toute la conception de l'appareil organisationnel des États qui fonctionnent d'après le modèle du libéralisme politique. C'est ainsi qu'il se différencie du totalitarisme classique dans lequel la politique et l'idéologie contrôlent tout, même l'économie. À présent, c'est l'économie qui contrôle totalement la politique en débordant le domaine de souveraineté des Etats-

---

[120] Wolin Sheldon. *Democracia S.A. La democracia dirigida y el fantasma del totalitarismo invertido*. Buenos Aires, 2005, p. 98.
[121] *Ibid.*, p. 96.

nations. Elle va jusqu'à ordonner les plans et les programmes des gouvernements dans les États constitutionnels. Ces États sont désormais aux mains des grands capitalistes, c'est le modèle de l'État corporatif.

De ce fait, ce modèle soulève un problème qui va au-delà des limites des modèles démocratiques de représentation politique, de la substitution des conditions du citoyen par les conditions des électeurs ou des votants et limite leur champ de validité de leurs régulations dans le temps et dans l'espace. L'on essaie finalement d'éliminer chez l'individu une des capacités qui le rend différent des autres animaux : sa capacité d'anticipation.

La figure du citoyen actif, délibérant avec force de propositions sur le plan politique est diluée dans une forme éthérée et fantasmagorique de participation virtuelle. Entre les intervalles des chronogrammes électoraux, c'est-à-dire ceux qui vont d'un vote à l'autre, d'une élection à l'autre, le citoyen disparaît, l'individu se convertit en « opinant dirigé » qui doit uniquement répondre par les discours déterminés institutionnellement, et « au lieu de participer au pouvoir, la citoyenneté virtuelle est invitée à promouvoir des opinions : à émettre des réponses mesurables par des sondages ou des questions dessinées spécialement pour provoquer ces réponses. »[122]

Cet individu dirigé, ce citoyen éthéré dont les discours, questions et réponses aux situations du monde sont préalablement prescrits et connus, est écarté peu à peu de sa conscience d'avoir une faculté unique qui le place au-dessus des institutions créées. Cette forme de citoyenneté intermittente qui ne s'active que pour aller aux urnes avec le seul pouvoir de marquer et de déposer le suffrage, fait de l'individu un instrument légitimateur des consensus d'autrui, un légitimateur d'intérêts privés et un agent qui ne compte vraiment que lors de chaque processus électoral. Ainsi, « le régime totalitaire inversé préfère-t-il compter sur une citoyenneté complice sans sens critique plutôt que sur une citoyenneté engagée. »[123]

---

[122] *Ibid.*, p. 100.
[123] *Ibid.*, p. 107.

La société est désarticulée grâce à la rupture des canaux de connexion qui s'établissent au travers de discours autonomes, et par ce biais, nous créons les conditions nécessaires pour que le totalitarisme inversé fonctionne et puisse devenir fort au sein d'une collectivité qui est uniquement connectée par les discours institutionnels et dirigés. Cela facilite la prospérité du totalitarisme inversé « dans une société démobilisée politiquement, c'est-à-dire au sein d'une société dans laquelle les citoyens, loin d'être enchaînés à une frénésie permanente par les opérateurs du régime, souffrent d'une léthargie politique, qui nous fait évoquer la citoyenneté privatisée de Tocqueville »[124], ou plutôt, nous pouvons affirmer avec plus de vérité que la citoyenneté est formatée à partir de la maladie mentale qu'elle parasite et qu'elle fait jaillir une forme de citoyenneté autistique.

Cela explique que la proposition processuelle de la rationalité réfléchie dispose d'un caractère démocratique, puisqu'en démocratie, l'égalité des droits de l'individu est directement proportionnelle à l'égalité proclamée dans un modèle rationnel discursif. Alors qu'au niveau des droits, qui s'appuient sur des principes libéraux, ceux-ci peuvent seulement atteindre le développement maximal individuel qui peut rendre ces droits réels et effectifs, ils pourront seulement atteindre, au niveau discursif, la rationalité discursive de ceux qui peuvent devenir de « bons argumentateurs ». Du côté des droits, l'égalité est dans l'octroi des droits mais non dans sa réussite tandis que du côté de la participation discursive, l'égalité est dans l'établissement d'un procédé et d'un discours type qui dispose à agir rationnellement dans l'ordre discursif, sans valider pour autant n'importe quel sujet discursif.

Dans cette perspective, « le peuple apparaît davantage comme une masse pourvues de sentiments patriotiques, comme le matériel d'une plèbe gouvernante et comme une entité faite sur mesure pour le totalitarisme inversé, plutôt que pour un projet d'autonomie. »[125] C'est pourquoi le pari consiste à effacer d'un seul coup toutes les possibilités que l'individu a d'obtenir une position délibérative, décisive et instituante sur le plan politique,

---

[124] *Ibid.*, p. 106.
[125] *Ibid.*, p. 259.

et de substituer au citoyen raisonnable, un sujet reproducteur de discours préconçus. C'est ainsi que cette forme de totalitarisme inversé, ainsi que la dénomme Wolin, a des points de convergence avec le totalitarisme classique. Pour Wolin, alors que le totalitarisme classique - allemand, italien ou soviétique - avait pour objectif de créer des adeptes plus que des citoyens, le totalitarisme inversé peut atteindre le même objectif en fournissant des équivalents tels que "la souveraineté des consommateurs" et la "démocratie des actionnaires" qui donnent une sensation de participation sans formuler d'exigences ni de responsabilités. »[126]

La dépendance à l'égard des raisons discursives du consensus répond à une réalité, celle du contrôle et de l'accumulation de la richesse. Pour s'acquitter des procédés argumentatifs établis au préalable, et pour s'attacher aux jugements institutionnels, le fait d'affirmer qu'un discours soit rationnel est un autre maillon de la chaîne qu'entreprennent les groupes corporatifs qui contrôlent le capital privé, pour déterminer les pratiques démocratiques à travers des accords désignés comme consensuels.

Se soustraire aux jugements institutionnels et aux procédés argumentatifs dans la pratique intersubjective, signifie se positionner à l'extrémité de l'irrationalité, et par conséquent, dans l'exclusion. L'inégalité économique détermine l'inégalité discursive. Le modèle économique corporatif non seulement mondialise la politique, mais mondialise aussi les discours et avec ceux-ci, les procédés d'argumentation rationnelle.

Cependant, quel lien l'économie entretient-elle avec les procédés argumentatifs et avec les discours orientés pour fonder les jugements des agents sociaux sur les situations du monde ? Quel avantage a le capitalisme corporatif sur les théories du discours et sur les procédés argumentatifs ? Son avantage est de les contrôler entièrement, y compris de contrôler le jugement des agents sociaux. Le contrôle du discours et du procédé argumentatif fonctionne comme un mur de contention empêchant que les individus ne soient capables d'interroger et de remettre en cause les lois et les institutions existantes ; il s'agit d'éviter cette rupture.

---

[126] *Ibid.*, p. 107.

Le pouvoir que les États exerçaient pour contrôler la politique et les dynamiques de la démocratie a disparu avec la globalisation, une globalisation qui, pour Zygmunt Bauman, signifie une perte du pouvoir des États nationaux et (pour le moment) une absence de remplaçant efficace.[127] Les forces du capitalisme corporatif ont annulé presque complètement le pouvoir politique et le pouvoir des États, les transformant ainsi en petits bureaucrates formels appartenant à une démocratie manipulée par une oligarchie qui a mis en place un club d'acolytes colportant la pensée unique et nous révélant nettement, dans la crise de confiance actuelle, la portée de la liberté de marché.[128]

L'idée de conscience individuelle, présumée par le libéralisme du XVIIIe siècle et comprise comme une accumulation de croyances détenues par l'individu, n'est pas propagée à notre époque, ni l'idée de l'individualisme des intérêts autogouvernés. De plus, ces idées sont renforcées à partir de la notion de rationalité à laquelle nous faisons référence, car avec elle est garantie l'autorité qu'a l'individu sur lui-même de juger par lui-même, et par conséquent, de se concentrer sur ses intérêts individuels, devenant ainsi un individu isolé des autres, sans connexion avec une collectivité qui lui permette d'identifier et de définir les intérêts et les besoins communs. Cette idée de conscience individuelle crée une couche isolante qui empêche le jugement collectif.

Le fait que l'individu puisse désormais juger par lui-même ne garantit pas qu'il soit un sujet autonome dans ses jugements. En effet, quand l'individu juge quelque chose, il doit le faire en s'appuyant sur les discours prédéterminés par l'institutionnalisation que le modèle libéral dirige ; il suffit de voir la façon dont le modèle libéral oriente les discours adressés aux individus afin que ceux-ci jugent les situations du monde, comme par exemple, quand le concept de révolte a été remplacé par celui de

---

[127] Bauman Zygmunt. *El desafío ético de la globalización,* en *Pánico en la globalización*, Bogotá, Fica, 2002, p. 50.

[128] Giraldo Fabio. *La globalización: integración psíquica al mercado*, in *Pánico en la globalización*, Bogotá, Fica, 2002, p. 24.

terrorisme après les attaques opérées contre les tours jumelles à New York le 11 septembre 2001.

« Le déclin de la conscience individuelle dans la théorie libérale a introduit un nouveau monde social où les hommes, ne pouvant plus se reconnaître sur la base d'une vie intérieure commune, se retrouvent contraints à ne se connaître les uns les autres que depuis l'extérieur, c'est-à-dire sur la base de réponses et de valeurs socialement acquises. »[129] Le regard se dirige à présent vers les théoriciens du capitalisme corporatif, les responsables du conditionnement de l'usage du jugement et de la suppression du dernier lieu depuis lequel il était possible de rétablir les facultés délibératives des agents sociaux.

Les théoriciens du langage et du discours, comme c'est le cas de l'École dite « de Francfort », ont pour objet de réaffirmer le rationalisme discursif pour procurer la stabilité du modèle à travers des arguments théoriques, au moyen desquels un type de sujet rationnel est catégorisé. Il ne s'agit pas de mettre au point une intersubjectivité raisonnable ou d'établir des procédés pour que les individus puissent arriver à des accords consensuels à partir d'une discussion raisonnable, leur objectif consiste en ce que les individus soient conformes aux raisons que les institutions politiques leur imposent.

Osons donc affirmer que les théoriciens de l'éthique discursive ont la charge de rendre des comptes au capitalisme corporatif par les résultats de leurs théories, puisqu'ils ont l'obligation de réduire la capacité de jugement des partenaires sociaux en établissant des procédés qui limitent la participation discursive de ceux-ci dans le contexte politico-institutionnel, pour légitimer uniquement les consensus qui s'appuient sur le meilleur argument possible.

En ce sens, Jacques Lenoble caractérise l'éthique discursive ou éthique communicationnelle comme n'étant qu'une « simple transposition des contraintes normatives résultant des présuppositions pragmatiques qui accompagnent nécessairement tout acte illocutoire, »[130] et où des théoriciens comme Habermas

---

[129] Wolin Sheldon. *Política y perspectiva. Continuidad y cambio en el pensamiento político occidental*, Buenos Aires, Amorrortu, 2001, p. 365.

[130] Lenoble Jacques. *Droit et communication. La transformation du droit*

et Apel n'ont pas tenu compte de la distinction logique qui émerge de cette éthique communicationnelle, comme l'est la distinction entre un paradoxe et l'indécidabilité pragmatique.

Lenoble distingue paradoxe et indécidabilité de la façon suivante : d'une part, l'indécidabilité de l'intention de communication des agents ne peut pas être confirmée ou réfutée, comme quand quelqu'un profère une affirmation de l'ordre de la promesse ; dans ce cas, il n'y a pas de garanties que cette promesse s'accomplisse ou non, on est dans une position où il est impossible de confirmer chacune des deux possibilités. D'autre part, il est pratiquement impossible que le paradoxe dans l'exercice communicationnel matérialise les prétentions de validité discursive de tous les interlocuteurs. Une seule doit en effet atteindre la validité prétendue et non toutes.

L'auditeur ne peut démontrer si le locuteur prétend dire le vrai, ni démontrer qu'il ne prétend pas à la vérité. La seule chose dont il soit certain est que ces deux propositions sont toutes deux indémontrables. « L'échange communicationnel langagier nécessite donc une double présupposition : celle d'un irréductible rapport du locuteur à la validité et celle d'une prise en compte de l'impossibilité, même idéale, d'une communication assurée de sa réussite. »[131] Par conséquent, le meilleur argument ne viendra pas des simples agents sociaux, mais de ceux qui ont la capacité d'utiliser le procédé argumentatif et les discours rationalisés par l'institution politique, et, au regard du poids qui est attribué au consensus, il n'y aura pas d'autre argument pouvant surpasser le dénommé "meilleur argument", puisque si le consensus se forme autour du meilleur argument, il ne peut y avoir d'argument supérieur, et il n'y a donc pas moyen de le réfuter.

Ce qui existe en réalité est une inégalité dans le domaine discursif pour contrôler à la source la participation des partenaires sociaux dans l'usage des discours. L'établissement d'obligations procédurales dans l'exercice discursif, déséquilibre les possibilités de participation dans celui-ci, car le problème est que le discours institutionnel se substitue au jugement de l'acteur

---

contemporain, Paris, Les éditions du Cerf, 1994, p. 37.
[131] *Ibid.*, p. 52.

social est substitué parce qu'il est élaboré par les meilleurs argumentateurs pour que ce soit le meilleur argument possible.

De cette façon, « chaque accord social, jugé égalitaire par les participants à la discussion, crée par lui-même une situation nouvelle générant les conditions d'une nouvelle inégalité. (...) Même si je ne peux que respecter les contraintes argumentatives liées à la prétention à la validité, je ne peux jamais être certain de ce qui l'anime. »[132] Étant donné ces circonstances, cela vaudrait la peine de prendre en compte le dénommé droit de la révolution dont Locke parlait dans le cas des dirigeants qui trahissaient la confiance des citoyens. D'une part, parce qu'il arrache le sujet à son individualité et le place dans le contexte collectif pour juger ce qui est considéré comme une trahison de la part du dirigeant, et d'autre part, parce que la révolution n'admet pas de conditionnement procédural dans le domaine discursif quand il s'agit de renverser le *statu quo* du dirigeant qui trahit la confiance du peuple. Ici, l'objectif est collectif.

Mais subsiste encore un problème, puisque dans le contexte politique et derrière les dirigeants qui trahissent le peuple, il y a ceux qui contrôlent la politique et les discours, par conséquent, la chute du dirigeant par la révolution du peuple ne garantit pas de changement dans l'état de choses. Il faut aller beaucoup plus loin.

Étant donné que le langage conditionne la vie mentale et sociale et qu'il est la condition biologique de l'animal humain, il est non seulement l'a priori par lequel celui-ci s'est rendu possible la pensée et la vie sociale, mais il est également et surtout l'a priori qui conditionne toute perception et toute action physique aussi bien que la dynamique des pulsions elle-même. « Sans langage, l'être humain ne peut être désir, il ne peut s'identifier à une représentation ; sans langage, il ne peut s'identifier à une sensation en s'y fixant et en se reconnaissant percevoir ce qu'il perçoit, pas plus qu'il ne peut se fixer à l'intention d'exécuter une action physique quelconque. Avant de chercher à se rendre indépendant de ses désirs et de ses besoins privés, avant de désirer de se rendre libre à l'égard de ses représentations mentales, des interactions sociales et de ses

---

[132] *Ibid.*, p. 49.

pulsions, il est celui qui les produit par le langage en se reconnaissant en eux : en les produisant, et en s'y identifiant pour pouvoir les produire. »[133]

De telle manière que le projet de la pragmatique universelle visant à politiser la communication pour émanciper ceux qui y interviennent et à intégrer socialement les sujets qui ont un pouvoir de participation dans l'espace public,[134] s'oppose à la réalité du projet corporatif libéral. L'indifférence des partenaires sociaux à leur articulation collective et à la redéfinition de leurs attentes comme collectives, est le résultat du renforcement de l'individualisme et de la nécessité particulière de définir et de résoudre les petits projets individuels.

Mais l'indifférence sociale des individus les uns à l'égard des autres dans le capitalisme avancé n'est pas simplement sociale, elle ne dérive pas seulement du constat des rapports de force de domination. « Elle tient aussi et surtout à ce que les réalisations matérielles, les "progrès socio-politiques" ou les progrès scientifiques et techniques ne répondent plus, une fois atteints, aux promesses de gratification qu'y avaient investies les énonciateurs, et ce, même s'ils sont conformes aux attentes individuelles et aux planifications collectives. »[135]

5. *Des considérations biologiques sur la faculté de jugement chez Jakob Johann von Uexküll*

Pourquoi la rationalité du monde est-elle si difficile à instaurer ? Pourquoi les tentatives pour mondialiser les raisons socialisées du monde imaginaire échouent-elles ? La métaphysique est peut-être le problème qui empêche la rencontre avec les mondes existant dans un même espace. La métaphysique de la politique, de l'idéalisme et peut-être même de la phénoménologie, ont limité l'existence du monde à une idée unique. En fait, leur idée de l'homme est, elle aussi, devenue

[133] Poulain Jacques. *De l'homme. Éléments d'anthropobiologie philosophique du langage*, Paris, Cerf, 2001, p. 42.
[134] *Ibid.*, p, 28.
[135] *Ibid.*, p. 28.

unique. Par cela même, il ne peut y avoir qu'une idée unique pour une idée de monde.

L'homme doit voir la réalité, le monde qui l'entoure, le monde dans lequel il raisonne, pense et vit. On ne peut pas ignorer que le monde est porteur de significations, que chaque être humain est récepteur et producteur de significations des choses qui existent dans le monde. Cela remet en question la prétention à universaliser un monde imaginaire, et révèle la relation qu'entretient l'homme avec son monde et le monde des autres. Nous tenterons de montrer, à partir d'une notion anthropo-biologique, la façon dont la faculté de jugement existe et évolue chez les êtres humains (1), la manière dont différentes idées du monde existent et évoluent chez l'être humain (2), et dans quelle mesure les prétentions d'universalisation des idées de monde produisent une résistance chez quelques êtres humains (3).

Pour parvenir à ces résultats, nous nous appuierons sur la théorie de la signification de Jakob von Uexküll grâce à laquelle nous pouvons discerner la façon qu'ont les sujets de façonner leur représentation du monde et des choses pour s'y rattacher. À partir de cette perspective, il est possible d'observer la signification comme l'élément fondamental sous-jacent dans les décisions que les sujets adoptent pour la réalisation d'une action. Dans ce cas, il faut se demander si les décisions prises pour agir en relation avec un élément du monde dépendent d'un jugement implicite sur la chose comme porteur de signifié.

Il est intéressant de constater que l'auteur nous permet de voir que l'action dépend des significations que les sujets donnent aux éléments qui sont dans le monde, et dans ce sens, cela vaudrait la peine de se demander si le monde qui semble égal et uniforme devant le regard humain, peut offrir des aspects différents lorsqu'on a affaire à des groupes humains distincts.

5.1. Une notion anthropobiologique de la façon dont la faculté de jugement existe et évolue chez les êtres humains

Quand Uexküll se demande si la prairie offre aux yeux d'animaux si différents le même aspect qu'à notre vue[136], il remet en question deux idées : celle selon laquelle l'homme est l'unique animal doté de capacités d'action et d'anticipation (1), et celle qui se fait fort d'unifier la rationalité humaine (2). Tout d'abord, l'idée de Gehlen que l'action fait partie des différences entre l'homme et l'animal est falsifiée par la théorie d'Uexküll, lorsqu'il démontre que les animaux non humains prennent des décisions pour faire quelque chose, et que ces décisions se produisent quand ils établissent des relations avec des objets et avec d'autres espèces par amitié ou querelle avec celles-ci, par cohabitation ou par survie, par nécessité primaire ou par reproduction. L'action n'est pas une faculté exclusive réservée aux animaux humains.

Le même phénomène se produit en ce qui concerne sa faculté d'anticipation. Le fait que l'animal puisse décider d'agir, nous fait supposer que cette action répond à quelque chose que ce dernier espère ou sait ce qu'il va lui arriver prochainement, et que cela affecte sa vie d'une façon ou d'une autre. Le panorama éthologique qu'Uexküll présente permet de fonder l'idée que les animaux non humains pensent aussi leur monde et le monde environnant à partir des significations qu'ont pour eux chaque chose et chaque être, que ce soit un animal ou un végétal. Prenant appui sur cette signification, on peut penser que l'animal établit sa relation avec les choses et les êtres du monde qu'il habite, du monde dans lequel il se reconnaît.

Les significations auxquelles l'auteur fait référence sont fondamentales pour commencer à décoder les clés de l'origine de la faculté de juger, qui avait été attribuée exclusivement aux êtres humains, et qui leur donnent la capacité de réaliser des pensées abstraites et de construire son monde imaginaire. La possibilité d'octroyer une signification variée aux objets, permet de suivre

[136] Von Uexküll, Jakob. *Cartas biológicas a una dama.* Santiago de Chile, Zig-zag, 1957, p. 71.

la trace des fondements de la faculté de juger exercée par les individus sur les objets, parce que l'individu a la capacité de penser l'objet dans différents contextes dans lesquels l'objet reçoit une signification associée, non en fonction de l'utilité, mais en fonction des propriétés dominantes qu'il met en œuvre dans un espace concret. Par conséquent, l'homme est en même temps porteur et récepteur de significations ; cela implique qu'un animal a pour les autres un signifié qui le met en relation avec le monde de ceux-ci et des autres, de la même manière que ceux-ci et les autres ont un signifié pour cet animal. « Ainsi, tout acte qui consiste à percevoir et à agir, imprime à l'objet dépourvu de relations sa signification et le transforme, donc, en porteur de signification en relation avec le sujet dans le monde environnant correspondant. »[137]

La signification n'est pas quelque chose qui se produit sans l'intervention d'un sujet et sans qu'un plan n'existe pour cela. En fait, Uexküll[138] remarque que les significations adviennent par la création d'un sujet pourvu d'un plan pour agir dans le monde environnant, pour agir en relation avec les autres êtres avec qui il coexiste dans un même espace. Ainsi, les significations ne sont-elles jamais un objet élaboré durant une longue période où aucun plan n'interviendrait. Le fait que la prairie n'ait pas la même apparence aux yeux de tous les animaux, incluant l'homme, révèle que l'échelle des signifiés est relative à la préadaptation que chaque animal a avec l'environnement. Cela signifie que la préadaptation extra-spécifique des animaux non humains donne à la prairie un signifié différent pour tous les autres animaux.

Dans ce cas, il vaut la peine de penser la préadaptation extra-spécifique, non comme un déterminisme qui stimule l'activité des animaux non humains, mais comme la capacité à s'occuper des problèmes encadrant leur vie et à se rendre compte de ce qui peut se passer pour eux au moment où l'autre réalise une activité qui implique leur présence. Par exemple, pour un zèbre, la longue distance entre le lion et son troupeau ne l'inquiète pas, mais, lorsque la distance est réduite et que le zèbre s'en aperçoit, celui-ci décide alors de la manière dont il va échapper à la portée de

[137] *Ibid.*, p. 28.
[138] *Ibid.*, p. 45.

son prédateur. Avant de se décider, le zèbre doit établir si la distance à laquelle le lion se trouve, lui semble sûre ou non, de telle sorte qu'il doit juger, à partir de la distance à laquelle se trouve son prédateur, s'il doit fuir ou rester. Il en va de même avec les animaux humains, lorsque la distance avec leurs ennemis les amène à juger s'ils sont dans la nécessité ou non d'agir, soit pour échapper, soit pour attaquer. Au centre de l'action réside un jugement qui s'active et les amène à réaliser l'action contre l'ennemi ou en faveur de la protection de leurs vies.

L'éthologie d'Uexküll provoque une réflexion qui s'érige contre l'idée de Gehlen, dans laquelle on limite la capacité d'anticipation aux animaux humains. Pour elle, anticiper des situations du monde, planifier et accomplir un certain type d'actions, sont aussi des capacités des animaux non humains, grâce aux signifiés qu'ils réceptionnent des autres animaux, des plantes et des choses qui sont dans le monde. L'attente patiente de la tique sur la haute partie d'un arbre pour trouver un mammifère lui pourvoyant l'alimentation dont elle a besoin, peut être le produit d'un plan pour sa survie. Nous pensons que la localisation et l'attente patiente de la tique font partie d'un plan dans lequel elle anticipe le pas du mammifère dont elle a besoin pour s'alimenter et pour étendre son existence.

Les perspectives du monde environnant et du monde résidentiel qu'Uexküll décrit, rendent compte des capacités d'action et d'anticipation que les animaux non humains ont pour réaliser leurs vies en relation avec tout ce qui se trouve dans l'espace qu'ils partagent avec d'autres animaux. « Puisque tout commence avec la production d'un signe perceptif et finit avec la création d'un signe d'effet dans le même porteur de signification, on peut parler d'un cercle fonctionnel qui unit le porteur de signification avec le sujet. »[139]

Étant donné que les animaux possèdent différents systèmes, ils ont une orientation dans le monde et une utilisation spécifique de l'espace. « Quelques animaux possèdent un "espace tactile" dans lequel ils ne s'orientent plus que par le toucher ; les autres, un "espace visuel " ; certains, comme les abeilles, possèdent un "espace actif ", (même si elles ont des impressions optiques, si

---

[139] *Ibid.*, p. 28-29.

elles se déplacent à quelques mètres de la ruche, on observe qu'elles s'orientent avant tout par leur "espace vide", en arrivant à leur ancien lieu de travail seulement quelques minutes plus tard). »[140] Le plus surprenant, c'est que le fonctionnement des organes dans les différents espaces des animaux s'active à l'origine dans les significations que chaque espèce a en relation avec les autres animaux et avec les éléments qui sont dans leur monde résidentiel et dans leur monde environnant ; ainsi, « tous les organes des plantes, comme des animaux, doivent leur forme et la distribution de leurs éléments à leur signification comme usagers des facteurs originaires de signification de dehors. »[141]

La rencontre avec le monde et avec ce qui est fait dans le monde passe d'abord par la compréhension des choses et des autres animaux présents dans l'espace partagé, et la réalisation de quelque chose ne suppose pas qu'elle devienne un acte mécanique : on suppose qu'un jugement a été produit sur leur environnement et leurs mondes pour pouvoir accomplir une chose dans laquelle sont impliqués les êtres dans leur monde résidentiel et dans leur monde environnant.

Par conséquent, « chaque monde environnant se trouvant fondamentalement rempli seulement de symboles de signification, on nous impose de plus le deuxième fait, encore plus surprenant, que chaque symbole de signification d'un sujet est en même temps un motif de signification pour la structuration du sujet lui-même. »[142] Le jugement vient des significations que les animaux ont de leur monde résidentiel et de leur monde environnant, et la motivation leur vient de l'extérieur, précisément pour juger ce qui leur fait face afin de décider l'action conforme à leur plan de vie. Si chaque animal « a sa scène vitale avec toutes les choses et les acteurs qui ont une signification pour sa vie »[143], cela constitue une piste importante pour établir que, depuis l'extérieur de ce monde, l'animal identifie

---

[140] Voir Gonzalez William, *Limite animal y apertura del hombre*, Universidad del Valle, 2015.

[141] Von Uexküll Jakob. *Cartas biológicas a una dama*. Santiago de Chile, Zig-zag, 1957, p. 46.

[142] *Ibid.*, p. 170.

[143] *Ibid.*, p. 148.

ce qu'il peut faire en relation avec les objets qui ne sont pas porteurs de signifié.

Le fait que l'animal ne donne pas de signifié vital à d'autres objets, constitue une manière de juger son monde résidentiel et le monde environnant d'autres animaux, puisque l'animal seul s'occupe de ce qui a pour lui un signifié concret et de ce qui a une relation avec sa vie. « Quand deux êtres vivants se mettent l'un avec l'autre dans une relation de signification harmonieuse, alors il est nécessaire de décider lequel des deux organismes doit être considéré comme sujet et utilisateur et d'identifier le sujet auquel nous devons assigner le rôle de porteur de signification. »[144]

L'animal peut évaluer son monde et le monde d'autres animaux à partir des significations, en étant lui-même le récepteur de signification et les autres, les porteurs de signifié : c'est ainsi qu'ils trouvent le point d'interconnexion pour établir leurs propres relations. Conformément à la théorie d'Uexküll, la signification permet l'association des sujets et des choses. Du côté de l'animal humain, l'affaire est un peu plus complexe, puisqu'au sein de sa propre espèce, le monde environnant est varié. Il faut prendre en considération le fait que le monde humain se construit à partir du langage et des idées. Il en résulte que les choses que l'homme trouve dans le monde passent par le langage, et que sa rencontre avec le monde et avec les choses se fait presque toujours à travers le langage. En fait, lui, n'a pas besoin d'aller à la chose pour la connaître, cela lui est suffisant de la connaître à travers le langage.

Cela rend la perspective du monde environnant complexe, parce qu'au milieu du langage et de l'imagination, l'idée du monde devient complexe et diverse, les significations varient d'un monde résidentiel à un autre monde résidentiel. La notion de monde environnant humain donne une idée des possibilités d'exercice du jugement sur les idées du monde humain, du monde résidentiel en relation avec le monde environnant des autres humains. Dans ce cas, il n'y a pas une forme unique de voir le monde : le monde humain devient comme la prairie d'Uexküll, où il ne peut y avoir de jugement unique et universel pour juger le monde des idées des animaux humains. « La recherche des

---

[144] *Ibid.*, p. 96.

mondes environnants démontre en premier lieu l'inconsistance des objets, qui, dans chaque monde environnant, varient en signification et en forme. La même tige d'une fleur arrive à être quatre objets différents dans quatre mondes environnants. »[145]

En fait, Uexküll accepte que la constance de la matière soit une illusion, parce que les propriétés qui constituent la matière d'un objet contient dépendent des échelles sensorielles de ce sujet, dans un monde environnant spécifique et concret. Bien que le langage puisse dénaturaliser la chose, il est ce qui rend possible les significations des choses en donnant à la fois à l'homme la capacité d'être récepteur de significations et de pouvoir se rattacher aux autres porteurs de signifiés.

À partir de ce qui précède, on peut se demander s'il est possible que la forme rationalisée et mondialisée de perception de quelques questions du monde, finisse par être la cause des maladies politiques de notre temps.

5.2. Les différentes idées du monde dans la même espèce

Tout ce qui apparaît dans le monde environnant de l'animal est chargé de sens selon le plan que chaque animal a par rapport aux choses qui sont dans ce monde. Uexküll suggère que dans le monde animal, chaque chose est porteuse de sens du moment où elle entre en relation avec un sujet[146], ainsi « tout ce qui convient à la sphère d'un monde environnant est transformé et modifié jusqu'à devenir porteur de sens utilisable, sinon il est complètement abandonné. »[147] Même les actes accomplis par les animaux sont réglementés en fonction de leur signification.[148]

L'espace social et culturel devient pour Uexküll, le monde environnant de l'animal humain. Dans ce cas, les significations de l'être humain, contrairement à celles

---

[145] *Ibid.*, p. 151.

[146] Von Uexküll, Jacob, *Meditaciones biológicas. La teoría de la significación*, in *Revista de occidente*, Madrid, p,19

[147] *Ibid.*, p. 27

[148] *Ibid.*, p. 13

d'autres animaux non humains, sont médatisées par leur langage, et non par leur adaptation biologique à un environnement naturel spécifique. Dans cette condition, il ne peut pas agir, penser et interagir avec les autres animaux de la même espèce de manière uniforme. L'animal humain est peut-être la seule espèce qui élabore une pluralité de significations des choses dans son monde environnant qui ne sont pas homogènes pour l'ensemble de l'espèce. Son adaptation est délimitée par toutes sortes de conditionnements qui sont établis en interaction avec les choses du monde.

Le monde que l'animal humain habite, acquiert un caractère spécial qui définit la façon dont la vie se développe dans le monde environnant. La culture est un lieu où se concentre tout le discours de la vie, de l'action, de la pensée et de l'élaboration créative de l'homme lui-même. Dans cet ordre d'idées, chaque être humain, forme une unité avec son monde environnant[149], qui est le lieu correspondant à l'animal humain.

Chaque monde socioculturel, en tant que monde environnant de l'animal humain, expose des propriétés particulières aux situations sociales du monde à des périodes spécifiques. Le monde environnant de l'être humain varie en même temps que les significations et les jugements changent. Ces mondes environnants sont soutenus par les significations instituées par les sujets et passent par le jugement des agents sociaux. Par conséquent, la même espèce d'animaux humains ne peut pas voir les choses de façon uniforme. Ainsi, « (...) chaque monde environnant n'est fondamentalement plein que de symboles de signification, [...] chaque symbole de signification d'un

---

149 von Uexküll, Jacob. *Cartas biológicas a una dama,* Empresa Editora Zig-Zag, Chile, p. 70

sujet est en même temps un motif de signification pour la structuration du sujet lui-même. »[150]

5.3. La résistance à l'universalisation des idées du monde dans la même espèce

La vie animale est nécessairement liée à un lieu spécifique où son exercice est possible. La relation de l'animal avec les choses de son espace de vie lui permet de se comprendre au sein de cet environnement, de reconnaître la différence qui existe entre lui et les choses pour définir son plan d'action. Le fait que chaque animal ait « sa scène de vie avec toutes les choses et les acteurs qui ont une signification pour sa vie » [151] constitue une clé importante pour établir ce qui arrive à l'animal en dehors de son monde de vie. Il est possible d'identifier ce que l'animal ne peut pas faire avec des objets qui n'ont pas de sens pour lui.

Alors que pour chaque espèce non humaine, les objets du monde environnant ne sont pas constants, chez l'être humain, au contraire, les objets varient de sens dans chaque monde environnant. En fait, « dans notre monde humain environnant, le mammifère n'existe pas lui-même comme objet intuitif, mais seulement comme abstraction idéologique, comme concept, que nous utilisons comme moyen de classification, mais que nous ne trouvons jamais dans la vie. »[152]

L'animal non humain est capable de se différencier de toutes les choses de son monde environnant, en particulier de celles qui ont un sens pour lui, ce qui lui permet de définir la manière dont il dirige ses exécutions. « Ainsi, tout acte qui consiste à percevoir et à agir, imprime l'objet,

---

[150] von Uexküll, Jacob, *Meditaciones biológicas. La teoría de la significación*, Revista de occidente, Madrid, p.170.

[151] *Ibid.*, p. 148.

[152] *Ibid.*, p. 108.

dépourvu de relations, sa signification et le transforme donc en porteur de sens par rapport au sujet dans le monde environnant correspondant. »[153]

Dans l'environnement culturel naturel de l'animal humain, les significations qui définissent les actions ne passent pas par le jugement du sujet, car ces significations sont installées comme des discours validés par des instances ou des institutions "supérieures" qui n'admettent aucun type de discernement individuel.

L'animal non humain est libéré de l'imposition intentionnelle de significations aux objets de son environnement, ce qui n'arrive pas à l'être humain, pour qui les significations qui lui sont imposées le laissent prisonnier d'un autisme qui l'empêche d'évaluer sa propre vie, parce que sa propre vie a été transformée en un événement traumatique qui ne peut être évité que lorsqu'il reproduit les jugements qui lui sont imposés par le discours pragmatique des pouvoirs publics et par celui des entreprises.

Cela signifie que l'être humain ne devient pas un objet porteur de signification pour l'État corporatif, il est privé de la faculté d'être récepteur de signification et cela l'empêche de juger en collectif des relations de domination, en soumettant tous les mondes environnants à un seul monde homogène dans une période de temps déterminée.

---

[153] *Ibid.*, p. 28.

III

Le discours pragmatique comme cause de la crise de la légitimité institutionnelle

1. Légitimité sans jugement et jugement de vérité anticipé

Ce qui définit le niveau de confiance ou de méfiance, de crainte ou de tranquillité que l'individu ressent devant les événements du monde, peut se situer dans la relation logique entre l'événement et ce qui est connu de l'événement. Cette relation logique permet à l'individu de connaître et de reconnaître la vérité de son jugement, d'identifier la réalité, et de réussir à s'expliquer et à reconnaître les événements du monde pour les mettre en rapport aux faits qui sont décrits au niveau réfléchi. Cette sécurité que lui fournit la connaissance des choses lui permet d'atteindre une certitude[154] pour juger des choses connues. À ce niveau, l'individu se confronte au défi de surmonter les obstacles de son entendement, pour évaluer ce avec quoi il est mis en présence par ses propres recours cognitifs et ses propres critères.

Ce qui dans ce sens logique fonctionne comme un défi, illustre la difficulté de surmonter le problème, chaque fois que l'individu ne réussit pas à identifier les relations entre les faits ou la réalité discursivement construits, et l'ignorance du fait ou de la réalité racontée. Le sujet devient alors plus complexe lorsqu'au niveau discursif, les événements du monde se présentent comme des vérités indubitables, et que l'individu croit en la vérité logique

[154] Wittgenstein Ludwig. *Sobre la certeza*. Barcelona, Gedisa, 2000.

de ces discours. Un problème additionnel surgit quand cette relation logique entre l'événement et ce qui est connu de l'événement n'existe pas pour l'expliquer ou le comprendre lui-même, car sans trouver la raison des événements, on tombe dans l'incertitude et la crainte. Ce problème se présente quand l'individu doit se reconnaître dans des vérités qui deviennent implicites au niveau discursif pour surpasser l'incertitude et la peur.

La pragmatique recourt aux problèmes dérivés de cette relation logique pour déterminer la portée de la reconnaissance des choses, et, pour cette raison, l'individu peut accepter ou repousser son contenu de vérité et de réalité. La croyance en la vérité comme en une forme de résolution de la crainte et de l'incertitude fait que l'individu accepte la vérité préconçue des discours pragmatiques. Les théories des *speech-acts*[155] et la pragmatique du langage ont une haute charge de responsabilité concernant l'incapacité dans laquelle sont les partenaires sociaux de juger de l'objectivité et de la vérité des normes et des discours politiques. Par conséquent, elles sont également responsables, lorsqu'on les applique, de la normalisation juridique des processus de légitimité.

La forme de ces discours objectivant le monde et instaurant leur propre vérité sous la seule forme des effets qu'ils produisent, ne fait qu'ignorer le jugement des partenaires sociaux et empêche l'usage de leur parole dans l'évaluation des situations du monde social. Cela signifie que le jugement de vérité et le processus de légitimation sont placés en dehors de l'orbite des partenaires sociaux et qu'il sont soumis d'avance à un processus normatif qui juge d'avance de la vérité des discours, en même temps qu'il rend ses contenus légitimes. Il n'est donc pas suffisant que les personnes touchées par une norme acceptent ou refusent la légitimité du contenu, comme Habermas le propose à partir de ce qu'il appelle le principe de communication.

Keith Oatley, professeur émérite en psychologie cognitive de l'Université de Toronto, au Canada, et Raymond Mar, docteur en psychologie de l'Université de York, au Canada, affirment que le

---

[155] Austin John Langshaw. *Cómo hacer cosas con palabras,* Barcelona, Paidós, 1990.

cerveau ne réussit pas à distinguer clairement entre le fait de lire une expérience de fiction et celle de vivre cette activité dans la vie réelle, ce qui suppose une proximité entre lire une histoire et l'expérimenter réellement.

En fait, les régions motrices dans le cerveau qui s'activent quand nous lisons en silence un mot d'action, sont tout près des régions qui s'activent quand se réalise le mouvement,[156] précise Véronique Boulenger, chercheuse en neuroscience cognitive du Laboratoire de Dynamiques de Langues à Lyon, en France. Si une action réalisée avec la jambe est lue comme trépigner, marcher ou courir, le cerveau activera la région motrice, précise la chercheuse. Ce qui est certain à ce sujet, c'est que, même si dans le développement d'une lecture, les verbes activent les régions motrices auxquelles ils font référence, comme le mouvement des bras, des mains ou des jambes, cela ne signifie pas que le verbe d'action ait des effets performatifs sur l'agent en lui faisant réaliser dans la pratique l'action signalée par le verbe. En revanche, ce qui peut découler de ces résultats, c'est le fait que le discours pragmatique produit l'effet de faire croire au partenaire social que ce qui est signalé dans le discours est vrai, comme lorsqu'on croit que l'événement raconté est vécu, ou lorsqu'on fait en sorte que l'agent social désire les désirs et les intérêts qui sont évoqués dans le discours.

Il y a donc un problème sous-jacent dans les discours institutionnels, spécialement dans ceux qui s'autoproclament discours consensuels parce qu'ils s'estiment dérivés d'une discussion présumée argumentée : il réside en ce que les discours de cette nature s'écartent du plan de leur mise en discussion parce qu'ils sont déjà jugés et légitimés par un principe qui leur octroie la permission d'être vrais, et qui en même temps leur permet d'être les seuls à objectiver le monde.[157] Le problème auquel on fait référence correspond au principe de vérité car la pragmatique transcendantale d'Apel et Habermas légitime les discours, objective le monde des partenaires sociaux et produit ses

---

[156] Voir : Llorente Analía. www.bbc.mundo.com/mundo, récupéré en août 2016, http://www.bbc.com/mundo/noticias-36960389.

[157] Poulain Jacques. *La Loi de vérité ou la logique philosophique du jugement*, Paris, Albin Michel, 1993.

croyances en faisant totalement abstraction de la vérité anthropologique de ses normes.

A partir du moment où la pragmatique discursive donne à la parole l'effet métapsychologique de changer le monde de l'individu ainsi que l'individu lui-même, on croit que les discours font de l'individu un agent qui fonctionne sous les relations de stimulation, de réaction et d'action consommatoire, en faisant de l'acteur social un être instinctif.

En ce sens, on croit que quand on parle, le monde change, et qu'on fait ainsi réaliser à autrui ses désirs,[158] les désirs de celui qui parle, c'est-à-dire ceux de l'énonciateur. Après que le droit et la politique avaint échoué dans leur tentative d'éviter la seconde guerre mondiale, le colonel britannique John Austin a pensé que le langage avait la capacité de changer le monde et d'obtenir que le sujet accomplisse les désirs d'autrui. Là où la politique et le droit n'ont pas été capables d'obtenir que l'individu fasse ce qu'autrui lui dit, émerge un principe dont la discipline serait propre à l'école militaire, celle du performatif et du langage. Ceci demeure propre à ce que nous dit la philosophie analytique du langage en s'affirmant comme théorie des *speech-acts*.[159]

Ce qui rend les choses plus difficiles réside dans le fait que les théoriciens de la pragmatique du langage, comme Austin, Searle et Grice, ont renforcé l'idée selon laquelle chaque fois que l'individu parle, il fait quelque chose, et que sa parole produit chez l'allocutaire les effets qui lui font réaliser ce que l'énonciateur exprime dans son énoncé. Cette parole agit de façon aussi magique que la formule de la genèse : « que la lumière soit !».

Cet usage des effets a été le point d'appui de la philosophie du langage pour essayer de s'ériger comme philosophie révolutionnaire qui donnerait une réponse effective aux questions philosophiques traditionnelles : que puis-je connaître ? Que dois-je faire ? Que m'est-il permis d'espérer ? Et : qu'est-ce que l'homme ? Toutes ces questions philosophiques ont cherché aujourd'hui de surcroît à transformer ces questions en solutions

---

158 Poulain Jacques. *La neutralisation du jugement ou la critique pragmatique de la raison politique,* Paris, L'Harmattan, 1993.

159 Searle John. *Actos de habla,* Madrid, Catedra, 1986.

pragmatiques données par le langage lui-même sous forme de règle de sens.[160]

Il a été alors proposé de conditionner l'accord commun des propositions aux effets que génère le langage. Ces effets vont se produire après que l'on ait conditionné les propositions réfléchies selon les lois de vérité de la logique transcendantale carnapienne et celles de la logique mathématique, en présupposant que toute proposition implique une vérité analytique car sa propre vérité est une vérité de l'ordre de la cohérence, c'est-à-dire que la proposition serait vraie à chaque fois que s'accomplissent les procédés mentaux présupposés de la logique appropriés à la formulation de la proposition.

Cela signifie que le sens de la vérité auquel s'en tiennent les propositions discursives, est immergé dans la vérité analytique d'un langage coupé du monde réel, tandis qu'il maintient une connexion interne entre les paroles, le sens et la signification, comme cela se produit avec les propositions de la logique. Cela présuppose qu'on doive transférer les critères de vérité de la logique au plan du discours ; ce que l'on prétend affirmer consiste en ce que la proposition discursive porte en elle sa propre vérité, de telle sorte que lorsque nous mettons à l'épreuve la vérité d'une proposition, elle incarne sa propre vérité, dans la mesure où sa propre vérité dépend du fait que le procédé logique soit réglementairement accompli, pour que le sens de la proposition corresponde à sa signification.

Cela met en évidence le rôle de la pragmatique du langage et de la théorie des actes de parole dans leur application au contexte des théories de la justice et du consensus. Comme les propositions énoncent leur propre vérité, elles n'ont pas besoin d'être jugées puisqu'elles sont « vraies » d'office, et comme elles ont vraiment un contenu, elles se substituent au jugement des partenaires sociaux et objectivent le monde des individus, en réalisant les désirs de ceux-ci et en créant le monde extérieur en le rendant conforme à la réalité dans laquelle se trouve l'individu.

En termes pragmatiques, on gagne en droits d'égalité plutôt qu'en justice effective. Autrement dit, on assure par le même

---

[160] Poulain Jacques. *La Loi de vérité ou la logique philosophique du jugement*, Paris, Albin Michel, 1991, p. 9.

discours la réalisation des désirs et des besoins de tous, puisque tous s'identifient aux mêmes besoins et aux mêmes désirs, sans que l'acteur social n'ait à juger de ses désirs et de ses besoins. Le recours à la vérité analytique des actes de parole est mis à profit pour donner au langage la capacité presque quasi chamanique d'éviter que l'individu ne juge les discours institutionnels et ait à les considérer comme étant vrais. La vérité qu'on attribue aux énoncés sur le compte de la pragmatique essaie de faire en sorte que les individus agissent conformément aux énonciations des énoncés, sans que ils aient à les juger, parce que ces énoncés sont déjà vrais, et qu'il n'y a pas lieu de juger de la vérité de ce qui est déjà implicitement vrai.

La pragmatique des actes de parole cherche ainsi à faire agir l'individu conformément au contenu de l'énoncé, sans que l'énoncé ne passe par le jugement de l'interlocuteur, puisque l'énoncé est jugé d'avance par une loi procédurale propre à la logique transcendantale pragmatique qui définit sa vérité. Il faut aussi remarquer que par la vérité des énoncés s'exprime l'objectivité du même énoncé et, par conséquent, l'objectivité de ce qu'il énonce. Cela dit, la conséquence en est que l'individu ne peut pas prendre parti dans l'objectivation des choses et des affaires de son monde. Ce qui consiste en ce que l'effet de l'énonciation se réalise, à condition de partager avec l'allocutaire le jugement de l'objectivité que l'énoncé exprime ou présuppose comme vrai. Dans ce cas, lorsque l'énonciateur adresse l'énoncé à l'allocutaire, ce qu'il partage est l'objectivité qui s'établit dans l'énoncé[161]. Il ne s'agit pas ici de juger en commun le monde qui s'exprime dans l'énoncé, mais d'accepter un jugement commun qui présuppose sa vérité implicite dans le discours pragmatique.

L'autre problème qui se présente est que la pragmatique du langage considère la communication comme un processus de stimulation, de réaction et d'action consommatoire conforme à l'arc réflexe classique, dans lequel la compréhension simple de l'énoncé se comprend comme un acte consommatoire. Autrement dit, on considère l'individu comme un être qui réagit à des stimulations en marge de sa capacité de jugement. Dans ce cas,

---

[161] Poulain Jacques. *L'âge pragmatique ou l'expérimentation totale,* Paris, L'Harmattan, 1991.

l'individu réagit à l'énoncé qui accomplit la fonction de stimulation, tandis que la réception de l'énoncé est la réaction de l'individu et que l'action consommatoire est la réalisation de ce que l'énoncé signale.

En plus d'être les objets de manifestation chamanique, il semble arbitraire que les énoncés proférés aient implicitement le contenu de vérité que la pragmatique lui attribue, étant donné qu'il conditionne d'avance les croyances et les besoins de l'allocutaire, sans prendre en considération le fait qu'autrui en soit ou non affecté. Comme le discours juridique, la communication austinienne est performative, elle est opérante, que l'allocutaire y acquiesce ou non. La logique transcendantale de l'énonciation consiste, quant à elle, à juger et à reconnaître ou non la vérité du message transmis. Pour la pragmatique des actes de parole, les agents ne peuvent pas juger la vérité des énoncés dans le processus de communication parce que ceux-ci leur parviennent déjà pré-jugés par un jugement auquel les agents sociaux sont obligés d'adhérer aveuglément. En fait, l'agent de parole assume le contenu de l'acte de parole sans avoir à le juger vrai, notamment lorsqu'il s'agit de juger de l'objectivité des choses et des situations du monde. Nous avions déjà exprimé le fait que l'objet de la pragmatique transcendantale du langage découle de la même logique transcendantale : montrer que ce qu'il y a de pragmatique et d'action transcendantale dans le langage, c'est l'affirmation transcendantale de l'acte de communication donnée par lui-même comme énonciation lorsqu'elle elle est présentée comme appréciation, prescription ou verdict.[162]

De cette vérité transcendantale immergée dans les propositions, découle le fait que ce discours objective lui-même les choses et le monde, en excluant chez l'agent sa capacité à objectiver les choses, les besoins et les désirs qui sont déjà objectivés par le discours. Si objectiver un énoncé en lui donnant une forme de proposition est *ipso facto* être identifié à cette proposition par la pensée de cette proposition et par son effet réel, alors, communiquer ne consiste qu'à objectiver la communication mutuelle des interlocuteurs dans la proposition

---

[162] Poulain Jacques. *La Loi de vérité ou la logique philosophique du jugement*, Paris, Albin Michel, 1993.

communiquée. Mais en réalité « communiquer, c'est présupposer que cette proposition est reconnue identique quant à sa valeur de vérité par les participants impliqués, c'est-à-dire qu'ils pensent que cette proposition est fournie avec la même force réelle que la force d'objectivation, et qu'elle est dotée de la seule et unique valeur de vérité qui est reconnue pendant son énonciation. »[163]

Les conditions dans lesquelles on identifie la vérité des énoncés et des propositions n'échappent pourtant pas aux possibilités qu'a l'individu de les évaluer et de les juger à travers ses propres critères, ce qu'on lui présente. Cette possibilité est récupérée dans la loi de vérité que Jacques Poulain propose, puisqu'elle sort l'individu du contrôle de la logique transcendantale purement formelle et lui reconnaît la possibilité de réfléchir la vérité de ses propositions en faisant abstraction de la vérité qui lui parvient déjà préjugée d'une manière aveugle par la pragmatique du langage. Désormais, l'individu reconnaît qu'il doit juger de la vérité de ce qu'il dit et entend, en prenant part à l'objectivation du monde et des choses.

Quand la vérité n'est plus supportée par la croyance d'être implicitement jugée d'avance dans les énoncés, conformément à ce qui pense la pragmatique du langage, l'individu réussit à récupérer l'autonomie de son jugement et sa capacité à identifier comme telle la réalité. Par conséquent, on peut s'objectiver, objectiver la vérité de ce qui est pensé et identifier le sujet pensant ou l'énonciateur à sa proposition lorsqu'on reconnaît qu'elle est pensée vraie et qu'on peut donc la reconnaître ou non comme vraie. C'est ainsi aussi que nous pouvons objectiver le monde et les choses, la réalité qui est décrite dans les énoncés, le contenu propositionnel en relation avec la réalité et l'objectivation de la proposition en tant que telle.

« Penser une proposition, c'est donc la penser en accord avec la réalité à laquelle on attribue une propriété en même temps qu'on se fait penser la réalité décrite comme réelle et comme étant effectivement ce qu'on dit qu'elle est. Penser que l'herbe est verte, c'est penser que la proposition " l'herbe est verte " est en accord avec la réalité : l'herbe qui est verte, en même temps

---

163 Poulain Jacques. *El Juicio de verdad en los actos de habla,* Cali, (trad. William González), Extremo Occidente, 2003, p. 44-45.

qu'on se fait penser ou voir que l'herbe est verte, en même temps qu'on objective, comme sujet quelconque pensant la verdure de l'herbe en objectivant le fait qu'elle soit verte. La pensée fait penser ici l'herbe sous le prédicat de vert : elle synthétise a priori le sujet et le prédicat comme elle présente objectivement synthétisée l'herbe et sa verdure, de la même façon qu'elle présente la verdure de l'herbe comme aussi objective que l'herbe même. »[164]

Le problème de la pragmatique du langage consiste en ce qu'elle n'essaie d'objectiver le phénomène qu'à travers la proposition et que, dans cette même mesure, elle prétend également que le phénomène objectivé par la proposition puisse être reconnu identique au phénomène réel qu'elle objective. En définitive, ce sont les propositions énoncées qui objectivent le phénomène réel, et non pas le jugement du sujet. Pour la pragmatique, la pensée de la proposition suffit à produire la conscience de l'objectivité nécessaire de cette proposition, et confirme ainsi d'entrée de jeu la vérité et la pensée de cette vérité sans avoir à s'affronter à la réalité elle-même.[165]

Le jugement synthétique a priori qui est déjà présent en tout énoncé analytique provient simplement de l'expérience qu'en a le sujet de sa propre énonciation, et non de l'expérience du monde ou de l'événement qui est énoncé. Désormais, le sujet est identifié par l'énonciation comme l'unique expérience possible qui objective le monde et s'objective elle-même, en reconnaissant en elle l'unique vérité possible. Cette identification de l'énonciateur avec la vérité de ses propositions, avec l'objectivité et la vérité du contenu de la proposition, est ce qui s'objective comme jugement synthétique a priori en tout jugement analytique.

Si l'être humain est un organisme conditionné par les choses, un organisme dont les mouvements physiques et mentaux répondent aux orientations ou aux paramètres qui s'établissent et fonctionnent dans son monde environnant et culturel, dans son monde à la fois « naturel et culturel », comme le rappelle Arnold

---

[164] Poulain Jacques. *La Loi de vérité ou la logique philosophique du jugement*, Paris, Albin Michel, 1993, p. 58.
[165] *Ibid.*, p. 69.

Gehlen[166], ses pensées sont conditionnées par une multiplicité de règles, de dispositions et de lois qui conditionnent sa position dans le monde et sa relation aux autres. Ce conditionnement provient de la manière dont les individus sociaux antérieurs qui précédaient l'agent dans le monde social ont objectivé la scène sociale et les formes par lesquelles elle se rattache à un contexte déterminé. Dans les termes de Castoriadis[167], ils sont les imaginaires radicaux qui fonctionnent à l'intérieur du groupe et se transmettent à la plupart des individus pour qu'ils se comprennent dans un même contexte.

Si l'être humain répond à ce qui vient d'être dit précédemment, celui-ci serait le fondement de la pragmatique du langage et des théories de la justice permettant d’anticiper l'accord auquel doivent adhérer les partenaires sociaux. Ces théories se servent de cette expérience d’être parlant avec lui-même pour assurer l'objectivité non controversée du monde. L'objectivation de l’énonciation émerge des conditions établies dans la communication qui jugent d'avance l'accord auquel doivent parvenir les individus sur des situations du monde en général. Les dispositifs qui sont à l'intérieur des actes performatifs de la parole, légifèrent presque juridiquement sur les relations des partenaires sociaux, en imposant des relations et des réponses dans la communication quotidienne, en les jugeant d'avance et en se substituant au jugement des individus dans la communication. Cela suppose que les actes de parole judicatifs, promissifs et déclaratifs, aient intérieurement une force surhumaine qui change les conditions du monde pour l'allocutaire qui reçoit ces actes de parole. Mais il s’y ajoute une circonstance aggravante : le fait est qu’ils enlèvent la possibilité aux allocutaires considérés comme partenaires sociaux de se prononcer sur le contenu de cet acte. Car, pour la pragmatique du langage, l'instrument de la langue ne requiert pas le jugement des individus, puisqu'elle-même contient déjà un jugement qui s'impose et neutralise toute possibilité d'être jugé par les partenaires sociaux.

---

166 Gehlen Arnold. *El hombre. Su naturaleza y su lugar en el mundo.* Salamanca, Sígueme, 1987.

167 Castoriadis Cornelius. *L'institution imaginaire de la société*, Paris, Éditions du Seuil, 1975.

Ce conditionnement vient de la manière dont les individus qui précèdent l'agent dans le monde social ont objectivé la scène sociale et les formes par lesquelles elle se rattache à un contexte déterminé. Il constitue ce que sont les imaginaires sociaux radicaux, c'est-à-dire, dans les termes de Castoriadis, les imaginaires qui fonctionnent à l'intérieur du groupe et se transmettent à la plupart des individus, pour qu'ils se comprennent dans un même contexte. Si nous nous en tenons à la condition normative et législatrice des actes de parole, on peut dénoncer une antinomie dans leur propre application, parce qu'on y ignore les conditions qui ont été octroyées aux partenaires sociaux à travers les droits de l'homme concernant leurs possibilités libres de juger les situations du monde et leurs propres capacités de penser et de parler qui complètent leur jugement. En d'autres termes, cette antinomie n'a pour fonction que de limiter et de restreindre l'application concrète et réelle de ces prérogatives.

Ce n'est pas pour rien qu'on confère au langage la capacité de changer le monde de l'individu et d'annuler l'anticipation de ses possibilités de juger son propre monde. Ceci se produit par les propositions postulées à partir du jugement personnel des individus, qui n'ont qu'à affirmer, en se basant sur le simple procédé de la production de leurs propositions, que les propositions formulées comme vraies, et qui doivent être considérées comme vraies pour avoir pu être pensées. L'homme doit penser vraies les propositions grâce auxquelles il fait apparaître les perceptions, les connaissances, les actions, les désirs et les paroles à ses yeux et aux yeux d'autrui.

Mais, dans ce processus, l'homme doit préjuger de ces connaissances, de ces actions et de ces désirs, comme étant tout aussi objectifs que le fait qu'il ait pu les penser. Quand l'être humain fait reconnaître ces réalités objectives, il partage avec les autres ces réalités, qu'elles soient théoriques ou pratiques. Cependant, ce qu'il faut faire jouer contre la pragmatique, c'est le fait de dériver la vérité des propositions depuis un procédé logique transcendantal qui postule sa propre vérité analytique à partir de l'accomplissement du procédé logique déductif, en n'obtenant ainsi que la reconnaissance d'une vérité-cohérence.

Une perspective de cet ordre ignore non seulement la capacité de jugement critique des partenaires sociaux, mais elle semble aussi exclusive et génératrice de violence, car elle nie toute possibilité aux partenaires sociaux d'objectiver leur monde, et d'accéder ainsi à la réalité du monde. Par exemple, dans le contexte colombien, il ne sera pas suffisant d'intégrer politiquement les insurgés au monde institutionnel, si les discours sont déjà conditionnés par un accord intersubjectif antérieur, qui évite de passer par le jugement des partenaires sociaux. Il est nécessaire de rendre aux individus leur capacité de juger la vérité des énoncés, et la possibilité d'objectiver leur monde par le dialogue et par son résultat : pour former un jugement commun, un jugement où leurs énoncés affrontent effectivement le monde réel. Ce problème, bien entendu, ne peut pas être résolu par la politique ou le droit, et c'est à l'individu même de sauver, pour lui et les autres, le jugement commun qui a été soustrait à chacun par la pragmatique pure du langage.

De plus, l'objectivation du monde et des choses n'est pas assumée par la forme qu'elle prend à l'intérieur des discours institutionnels et spécialement du consensus institutionnel. Cette objectivation passe par la pensée et le jugement de l'acteur social, et c'est le lieu où l'acteur a à reconnaître l'objectivité qu'il donne aux choses : c'est lui qui construit l'objectivité qu'il va partager avec les autres grâce au dialogue, et cette objectivité rencontre l'objectivité reconnue par les autres pour permettre de juger en commun du monde commun qu'il partage avec ses interlocuteurs.

« La réflexion systématique sur l'usage des signes ne fait qu'exhiber un jugement porté par l'énonciateur sur l'objectivité de ses énoncés descriptifs, appréciatifs ou impératifs ». L'énonciation de ces énoncés présuppose qu'il soit vrai que l'allocutaire ait à se taire, qu'il soit vrai qu'il pleuve ou qu'il soit vrai que les glaces italiennes soient délicieuses. « Mais cette énonciation ne produit pourtant son effet qu'à condition de faire partager à l'allocutaire le jugement d'objectivité qu'elle exprime ou présuppose vrai. »[168]

---

[168] Poulain Jacques. *La Loi de vérité ou la logique philosophique du jugement*, Paris, Albin Michel, 1993, p. 18.

C'est ainsi que le partenaire social construit avec les autres l'objectivité de son monde et des choses, en même temps qu'il juge de l'objectivité de son propre monde et du monde qu'il partage avec les autres, en intervenant directement dans l'identification des intérêts et des nécessités communes, en jugeant en commun du monde commun, du monde qui lui appartient comme tel en raison de sa nature d'être incomplet[169] : comme le monde social réel de la culture. Mais dans l'expérimentation pragmatique totale du monde et des êtres humains, *« tous les problèmes vitaux, psychiques et sociaux échappent à une régulation institutionnelle effective et exigent une solution dans l'espace de la communication. Celui-ci s'en trouve à la fois surchargé et valorisé. »*[170]

Il est nécessaire d'établir la forme par laquelle on objective les choses dans l'acte de communication, avec l'intervention des individus : « si la logique transcendantale doit pouvoir s'affirmer elle-même comme la condition nécessaire de tout acte de communication aussi bien que de logique mathématique, peut-elle avancer ses descriptions en termes compatibles avec l'usage des catégories logico-mathématiques ? Peut-elle faire reconnaître la vérité et la cohérence de ses descriptions de l'expérience de la communication ? »[171]

La vérité transcendantale qui est à l'intérieur des propositions, produit une identification commune entre l'énonciateur et l'allocutaire autour du contenu propositionnel dans lequel ce qui vaut pour les deux, c'est la constatation d'un accord dans le contenu de la proposition et non pas d'un accord entre le contenu de la proposition et la réalité. Ceci implique que l'allocutaire se soustrait de l'accord propositionnel, en soumettant la proposition à un pur jugement de constatation sur la réalité des choses. C'est ce jugement qu'élimine la force illocutoire de l'acte constatatif de la parole, qui établit de façon anticipée, l'accord commun sur la

---

[169] Gehlen Arnold. *Antropología filosófica. Del encuentro y descubrimiento del hombre por sí mismo*, Barcelona, Paidós, 1993.
[170] Poulain Jacques. *De l'homme. Éléments d'anthropobiologie philosophique du langage,* Paris, Cerf, 2001, p. 60.
[171] Poulain Jacques. *La Loi de vérité ou la logique philosophique du jugement*, Paris, Albin Michel, 1993, p. 25.

vérité des propositions.[172] L'objectivation du monde et des choses n'apparaît comme objective que lorsque les partenaires sociaux jugent en commun des sujets communs de la vie, à partir de leurs critères et de leurs perspectives du monde.

2. *La pragmatique transcendantale dans la légitimation de normes. Des fondements de la légitimité normative*

Étant donné la manière dont s´objective le monde par les discours et le jugement de vérité qui est implicite dans les énoncés, la pragmatique du langage peut être considérée comme l'instrument théorique de la mondialisation capable de légitimer une fois pour toutes les discours institutionnels, les lois et les normes. Après avoir compris que la pragmatique du langage recourt à la logique transcendantale formelle pour construire cette sorte de vérité implicite qui est au centre des propositions, et après avoir considéré le langage comme générateur d'effets performatifs par sa force illocutoire, la légitimité des discours et des normes n'est alors soumise qu'aux jugements analytiques qui émergent des procédés logiques, et qu'à l'illocutivité des actes de parole, au fait qu'ils fassent magiquement ce qu'il disent.

Bien que la vérité implicite dans les propositions de leur logique transcendantale requiert seulement comme condition procédurale que la proposition soit convenablement formulée, il suffit que s'accomplissent les procédures impliquées pour en dériver la vérité de la proposition, sans qu'il ne soit nécessaire de porter la proposition à une constatation devant l'événement rapporté au travers d'elle. La pragmatique transcendantale d'Apel et d'Habermas reprend ce recours à la logique pour neutraliser le jugement des individus, en profitant du fait qu'il soit formulé dans le cadre de l'instance métapsychologique dans laquelle est instaurée la vérité, d'où proviennent les discours institutionnels déjà jugés et qu'il faut accepter comme étant vrais parce que respectueux des procédures assurant leur rectitude.

Quand l'individu soumet le contenu de sa proposition à ses pensées, il entre dans un dialogue, dans une communication avec

---

[172] Poulain Jacques. *La neutralisation du jugement ou la critique pragmatique de la raison politique,* Paris, L'Harmattan, 1993, p. 181.

lui-même, dans laquelle il assume le rôle d'énonciateur et d'allocutaire. Le but y est d'atteindre un simple accord avec lui-même concernant tout ce qu'il pense. Le dialogue avec soi-même dans ce moment métapsychologique, laisse l'individu devant la difficulté de devoir remettre en question son propre jugement sur ses propres désirs face à la soi-disant « vérité » de la proposition. Étant donné que le contenu de cette « vérité » ne découle pas de son propre jugement d'agent, mais de la reconnaissance de ce dernier face à la vérité qui lui ait donnée par le procédé de la logique transcendantale, l'individu finit par reconnaître ses désirs dans le jugement de l'autre, dans les propositions qui lui sont données pour pouvoir le formuler.

La pragmatique reflète et renforce ainsi la façon dont l'expérimentation devient totale : elle se constitue ainsi en forme de vie et s'hypostasie elle-même en expérience de sa propre réalité sous la forme d'une expérimentation communicationnelle d'autrui dans la vie sociale et de soi-même dans la vie mentale. « C'est à ce titre qu'elle neutralise également la vie sociale et la vie mentale de chacun en rendant inaccessible ce consensus dans lequel elle a mis tout le bonheur de l'homme. »[173] Quand le jugement est resté neutralisé, dépendant de l'événement métapsychologique du langage, on réussit à faire en sorte que le discours acquière une reconnaissance presque généralisée et qu'il puisse être accepté comme l'unique vérité possible, au point que les partenaires sociaux reconnaissent dans ses contenus leur seule possibilité de s'orienter dans les multiples situations du monde. Cela ce produit puisque la vérité qui est désormais rattachée aux discours institutionnels déjà pré-jugés fait qu'ils doivent être acceptés, car étant acceptés comme vrais, ils ne peuvent pas être pensés comme étant faux.[174]

Le phénomène produisant la reconnaissance de la vérité des discours pragmatiques, produit chez l'individu un effet de certitude et de sécurité en même temps que ce discours atteint sa légitimité dans le monde social, sans avoir recours à un ordre

---

[173] Poulain Jacques. *La neutralisation du jugement ou la critique pragmatique de la raison politique*, Paris, L'Harmattan, 1993, p. 11.

[174] Poulain Jacques. *El juicio de verdad en los actos de habla.* Cali, Extremo Occidente, (trad. William González), 2003.

légal qui déterminerait sa validité. Ainsi, le langage accomplit-il sa fonction légitimatrice au cœur même du monde social. C'est ainsi que son usage sert également au droit pour légitimer les normes et les institutions politiques. L'aliénation pragmatique ne pourrait donc être surmontée qu'à condition que les partenaires sociaux réussissent à se soustraire à la normalisation opérée par la procédure de vérité et d'objectivation du monde qui est par avance donnée par les discours pragmatiques : ils ne peuvent le faire qu'en faisant appel à la faculté critique de jugement de chacun. L'exercice de cette faculté est obtenu à chaque fois que les partenaires sociaux jugent les contenus discursifs de connaissance ou d'action en les mettant à l'épreuve de la réalité des événements, en reconnaissant ces jugements comme aussi vrais ou aussi faux que le fait d'avoir eu à les penser pour pouvoir les exprimer. C'est ce que le philosophe français Jacques Poulain a appelé la loi de vérité.

Les crises de motivation ne sont pas seulement liées à l'absence de stimulations politiques, à une dépolitisation généralisée due à l'injustice, mais au fait que les individus ne reçoivent pas de l'État et de la société toutes les gratifications auxquelles ils estiment avoir droit en raison de leur travail. La pragmatique universelle d'Habermas tente de politiser la communication pour émanciper les interlocuteurs, elle tente de restimuler l'interaction sociale en donnant à chacun le pouvoir de participer à la discussion sociopolitique et d'y produire un discours normatif pour redéfinir les attentes sociales. « Mais l'indifférence sociale des individus les uns à l'égard des autres dans le capitalisme avancé n'est pas simplement sociale, elle ne dérive pas seulement du constat des rapports de force de domination. Elle tient aussi et surtout à ce que les réalisations matérielles, les « progrès socio-politiques » ou les progrès scientifiques et techniques ne répondent plus, une fois atteints, aux promesses de gratification qu'avaient formulées les énonciateurs, et ce, même s'ils sont conformes aux attentes individuelles et aux planifications collectives. »[175]

---

[175] Poulain Jacques. *De l'homme. Éléments d'anthropobiologie philosophique du langage,* Paris, Cerf, 2001, p. 28.

La loi de vérité se déploie en quatre principes : 1) le principe d'objectivation : on ne peut pas penser une proposition sans la penser vraie. 2) le principe de réception (cette fois c'est l'auditeur qui pense que la proposition émise par l'énonciateur est vraie pour pouvoir la comprendre). 3) L'auto-identification de l'énonciateur à ce qu'il dit, assume sa posture d'auditeur qu'il a à son propre égard, et il ne peut pas penser sa proposition sans la penser "identique à elle-même", c'est-à-dire, comme aussi vraie qu'il a dû la penser vraie pour pouvoir la penser, ou, sans la penser comme non-identique à soi-même : c'est-à-dire, comme aussi fausse qu'il l'a pensée vraie pour avoir pu la penser et 4) La compréhension mutuelle ou la compréhension logique : pour l'énonciateur ou l'auditeur, il est impossible de penser la proposition qu'il pense ou énonce sans la penser identique à soi-même « c'est-à-dire, comme aussi vraie qu'il a dû la penser vraie pour pouvoir la penser, ou sans la penser aussi fausse qu'il a dû la penser vraie pour pouvoir la penser et la comprendre ».[176]

Grâce à ces quatre principes de la loi de vérité, on peut réaffirmer le jugement des partenaires sociaux dans leur condition de sujets instituants de la démocratie, de sujets capables de juger les contenus propositionnels des discours pragmatiques à caractère institutionnel. Ces principes sauvent en outre la faculté auto-instituante de l'individu et consolident l'autonomie et l'autodétermination de son partenaire social qui a recours à l'exercice de sa faculté critique de jugement pour juger les situations du monde. Ici, comme le dit Jacques Poulain, la vérité de la proposition principale est consolidée et reconnue comme aussi vraie qu'elle a dû être présupposée l'être, pour que l'énonciateur objective cette vérité en elle ainsi que chez son auditeur.[177]

Cela ouvre la possibilité que les partenaires sociaux puissent se reconnaître dans les actions de leur gouvernement, et en même temps, qu'ils puissent exercer une forme de démocratie de surveillance[178], pas seulement pour contrôler l'exercice des

---

[176] Poulain Jacques. *La apuesta por la verdad. Crítica de la razón pragmática.* (W. González, Ed., & W. González, Trad.) Cali, Extremo Occidente, 2003.

[177] *Ibid.*, p. 186.

[178] Rosanvallon Pierre. *La contre-démocratie. La politique à l'âge de la*

fonctions gouvernementales, mais aussi pour consolider un modèle de démocratie implicative, dans laquelle seraient pris en considération les résultats de la surveillance citoyenne, pour dessiner des actions gouvernementales et pour les rendre plus efficaces à destination des besoins sociaux.[179]

À mesure que les processus de justice transitionnelle dans le cas de l'État colombien se sont construits, avec l'aide du jugement critique de tous les partenaires sociaux directement affectés par les actions de gouvernement, ces processus ont garanti une condition minimale de légitimité et de validité. Les victimes ont alors pu se reconnaître dans chacun des contenus normatifs qui définissaient le cadre dans lequel serait réalisé tout le processus référant au post-conflit, mais surtout elles ont pu se reconnaître dans la dignité qu'elles-mêmes ont construite à l'égard d'elles-mêmes grâce au processus de réflexion critique qu'elles ont réussi à déclencher chez tous.

---

défiance, Paris, Seuil, 2006.

[179] Rosanvallon Pierre. *La légitimité démocratique. Impartialité, réflexivité, proximité.* Paris, Éditions du Seuil, 2008.

IV

Les principes de vérité comme rupture de la légitimité circulaire positiviste

La notion positiviste se fonde sur le modèle démocratique de l'État de droit. Celle-ci implique la légalité comme son principe de légitimité. C'est ce modèle de légitimité qui soutient les États démocratiques actuels. Les normes et les institutions obtiennent leur légitimité à chaque fois qu'elles sont instituées sous la protection d'un ordre normatif qui autorise leur création : tout ce qui est institué en dehors de ce modèle constitutionnel est illégitime.

Du principe de légalité s'ensuit le principe de reconnaissance sociale juridique. Celui-ci est aussi soumis à une rationalité légale à laquelle il ne peut pas échapper : étant donné que les partenaires sociaux se reconnaissent dans des normes et des institutions, ils doivent le faire en croyant à la légalité des normes et des institutions, c'est-à-dire que cette reconnaissance est valable du seul fait que les partenaires sociaux acceptent que les normes et les institutions soient le fruit d'une norme légale. La manière légale sur laquelle se fonde la légitimité des normes et des institutions politiques accomplit la fonction d'isoler le jugement des partenaires sociaux hors des contenus normatifs pour faire en sorte que l'agent social croit que le monde qu'il objective est conforme à des intérêts et à des nécessités communes, et que, pour cette raison, il a à se reconnaître dans les contenus des normes et dans les institutions.

Le principe légaliforme détruit la portée d'une démocratie participative et conditionne par la force de la vérité pré-jugée le jugement de reconnaissance et de validation que chaque partenaire social reconnaît à ces normes. Les partenaires sociaux n'ont pas d'espace pour juger le contenu et la portée d'une norme ou d'une loi, à moins que l'on ait recours aux voies de fait. Dans de nombreux cas, il n'y a pas de lieu pour que les partenaires sociaux assument le rôle de surveillants de l'appareil institutionnel. Or c'est seulement dans ce cas qu'ils pourraient exercer ce que Rosanvallon dénomme la démocratie de la surveillance.[180]

Les principes juridiques, idéologiques ou moraux de légitimation sont communs lorsqu'ils excluent le jugement des partenaires sociaux du processus de légitimation des normes et des institutions. Un critère idéologique ou moral de la légitimité, détermine d'une part une ligne de la reconnaissance que les partenaires sociaux doivent accepter et, d'autre part, fait que reste en vigueur le principe légaliforme qui doit s'attacher à des procédés de concordance avec la raison morale ou avec l'idéologie.

Cette forme de légitimation est valable dans l'ordre social parce qu'elle est soutenue sur les bases métapsychologiques de pure compréhension des individus par eux-mêmes qui orientent vers une forme manipulée de reconnaissance et d'acceptation des ordres politiques et juridiques. Le jugement de vérité aveugle qu'il promeut et qui apporte d'avance les règles de procédés juridiques et les normes morales facilite l'acceptation et la reconnaissance des normes et des institutions politiques. Mais ce jeu légaliste et exclusif de légitimité laisse en marge les partenaires sociaux et les exclut du processus d'acceptation de l'ordre politique et juridique ainsi validé. Il autorise à ne pas prendre en considération la part qu'ils assument dans le processus de consolidation des normes sociales. Comment faire pour que le partenaire social, comme acteur politique, assume, reconnaisse et accepte les normes et les institutions politiques qui fonctionnent dans un contexte social ?

L'abus du procédé légaliste, auquel se soumet la légitimité des normes et des institutions des Etats de droit se présente comme l'unique chose capable de légitimer l'existence de celles-ci. Il trouve son fondement dans le recours à la vérité pragmatico-discursive qui, élevée au niveau du divin d'un Tiers sacré

---

[180] Rosanvallon Pierre. *La Contre-démocratie. La politique à l'âge de la défiance,* Paris, Seuil, 2006.

indubitable, peut légitimer tous les droits, y compris les droits concernant l'usage des mots. Ainsi, la légitimité légaliste ne reproduit-elle qu'une forme de légitimité propre aux sociétés précontractuelles, fondée sur la relation de Dieu avec les choses du monde.

Il n'y a pas de doute que les systèmes institutionnels dans le contexte du capitalisme avancé soutiennent leur légitimité en se faisant reconnaître et accepter par les partenaires sociaux et en les soumettant aux normes, aux ordres et aux décisions gouvernementales qui créent les institutions pour administrer les situations du monde social. Ce qui est au cœur de cette notion est la révérence dogmatique à la force de la loi comme révérence face au meilleur des arguments possibles capables de créer et de valider le meilleur des mondes possibles.

Pour aller plus loin, il faut considérer l'explication anthropologique de la vénération et de la sacralité de la loi. Comme dans les théocraties archaïques ou contemporaines, c'est la condition théologique qui détermine la manière dont les affaires mondiales doivent être résolues et qui peut seule expliquer les événements du monde. Par exemple, les communautés indigènes en Amérique et presque tous les aborigènes de l'Afrique et de l'Australie ont recours aux dieux ou à des représentations sacrées pour comprendre les événements du monde naturel présents dans leur environnement, mais ils recourent aussi à l'intervention de ces tierces instances pour pouvoir résoudre les problèmes de la communauté qui ne peuvent pas être résolus par l'humain terrestre.

Le monde occidental n'est pas demeuré très loin de ces notions sacrées. Rappelons qu'après le tremblement de terre de Lisbonne en 1755, l'homme remet en question l'idée de Dieu comme le guide de l'harmonisation du monde et des choses[181]. L'être humain se substitue à lui et assume son rôle. Maintenant, cet être autonome qui s'autodétermine et s'autogouverne, doit faire appel au droit pour résoudre les affaires du monde social. Il décharge chacun de ses nouvelles responsabilités en inventant le droit, désormais égal au Tiers sacré. Il lui donne la responsabilité

---

[181] Poulain Jacques. *La apuesta por la verdad. Crítica de la razón pragmática.* (W. González, Ed., & W. González, Trad.), Cali, Extremo Occidente, 2003.

de s'occuper des problèmes qu'il ne peut pas résoudre directement avec autrui. Cette révérence dogmatique à l'égard du droit considéré comme la nouvelle instance sacrée, fonde la légitimité des normes, des institutions et des décisions politiques, comme Dieu légitimait auparavant toutes les choses avant que l'homme ne se substitue à lui.

C'est pourquoi, le processus de légitimité dans les sociétés précontractuelles était conditionné par la reconnaissance d'une instance sacrée, par sa croyance dans le Tiers sacré. Cette reconnaissance continue à être fondée dans la croyance collective dans les lois comme si elles avaient une valeur sacrée qui les rend indubitables face au jugement des individus. C'est ainsi qu'elles transfèrent également la forme par laquelle se produit la reconnaissance des normes morales dans le processus de reconnaissance des normes juridiques. En fait, ce qui fonctionne dans le processus de légitimation des institutions et des normes n'est qu'un processus à caractère métapsychologique dans lequel les formes de reconnaissance religieuse se lient aux formes de reconnaissance morales. Dans ce processus de légitimation est également implicite la notion pragmatique des effets du langage liés aux ordres contenus dans les normes et les lois juridiques dans lesquelles s'exprime un ordre pour les partenaires sociaux. Ce processus entend lui-même être exprimé et reconnu afin que ceux-ci reconnaissent la légitimité de la force d'un ordre objectif.

Ce qui pourrait être la reconnaissance intersubjective de maximes qui définissent des lignes de relations sociales, fondées sur la valeur des processus d'objectivation des partenaires sociaux, se constitue ici dans l'horizon de la dictature de la pragmatique qui oriente par la force de vérités contraignantes, l'acceptation et la reconnaissance des normes et des institutions fonctionnant dans la logique d'une légalité proclamant en fait la légitimité de ceux qui se sont institués eux-mêmes en travers elles.

Les pratiques sociales passent ainsi par une sur-juridisation qui empêche les partenaires sociaux de réaliser les processus de reconnaissance et d'affirmation de celles-ci. Partout c'est la loi qui juge en commun l'objectivité de ces pratiques et non les partenaires sociaux qui y sont directement impliqués. Cette sur-juridisation découpe l'espace de la reconnaissance intersubjective des pratiques, et ignore la capacité que les partenaires sociaux ont de s'occuper de leurs propres sujets à travers des jugements fondés sur leur perspective critique et conceptuelle des choses.

Comme le souligne Poulain, « les pragmatiques du langage, qu'elles soient descriptives comme les théories des actes de parole et les pragmatiques de la science, ou normatives comme les pragmatiques sociopolitiques et anthropologiques, tentent en effet de restaurer la régulation de la vie humaine par la communication en décrivant l'accord qu'on cherche à y obtenir comme un but qu'il suffit de se représenter pour déterminer les règles d'action qui permettent d'y accéder. Elle semblent suffisantes pour exhiber scientifiquement la grammaire des actes de parole comme grammaire de vie. »[182]

La notion morale des principes remet en question chez Ronald Dworkin[183] l'idée positiviste de justice défendue auparavant par L. H. Hart et par Kelsen, puisqu'elle dépasse la portée du positivisme, en plaçant les intérêts et les valeurs suprêmes qu'elles promeuvent au-dessus des intérêts particuliers d'un groupe spécifique ou représentatif d'une ligne politique, sociale ou économique. Pour Dworkin, le principe du droit est un « standard qui doit être observé, non parce qu'il favorise ou assure une situation économique, politique ou sociale qui se considère comme désirable, mais parce que c'est une exigence de la justice, de l'équité ou d'une autre dimension de la moralité »[184] qui n'est pas orientée vers la réussite d'objectifs concrets.

En ce sens, les principes du droit ont plus de portée que les normes juridiques, puisqu'ils permettent de libérer les sujets des relations sociales qui ne sont pas dans les normes juridiquement légiférées. Cela s'obtient grâce à la capacité qu'ils ont d'intégrer ces normes dans les relations collectives maximales ou dans les règles de comportement reconnues et acceptées par les partenaires sociaux. Un principe représente le jugement critique du partenaire social sur un comportement particulier et il s'étend ainsi à l'ensemble des individus qui reconnaissent en commun les

---

[182] Poulain Jacques. *L'âge pragmatique ou l'expérimentation totale,* Paris, L'Harmattan, 1991.

[183] Dworkin Ronald. *Los derechos en serio.* Barcelona, Ariel, 1999, p. 72.

[184] Dworkin Ronald. *Ibid.*

standards d'un comportement au moyen duquel on prétend à la justice et à l'équité dans la relation collective. Il est là où se lie la puissance de juger du partenaire social avec l'objectivation commune du monde social.

Dans ce cas, la force du principe est dans son acceptation par chacun comme règle de comportement dans la relation sociale. Cette règle est validée dès lors que les partenaires sociaux suivent un principe déterminé en le reconnaissant comme règle de comportement bien que n'étant pas déterminé comme un principe légiféré. Les partenaires sociaux se comportent conformément aux principes et reconnaissent ces règles comme régulatrices des relations dans une communauté. Ce principe se substitue aux normes. Bien que les individus se comportent conformément à la norme, cela ne signifie pas qu'ils ont accepté une norme comme une règle pour guider leur comportement. Telle est pourtant la force du principe qui contraint « à prendre le droit au sérieux », selon termes mêmes de Dworkin.

En fait, écrit-il, « une pratique sociale ne constitue l'acceptation d'une norme que lorsque ceux qui suivent cette pratique considèrent la norme comme obligatoire, qu'ils la reconnaissent comme raison ou justification de leur propre comportement, ainsi que comme raison pour critiquer le comportement de ceux qui ne lui obéissent pas. »[185] Ainsi, une norme est-elle reconnue valable et validée parce qu'elle a été créée par le mandat légal d'une autre norme, tandis que le noyau de validité des principes est dans le jugement des partenaires sociaux, qui, après avoir jugé la règle ou le standard, l'acceptent comme la justification du comportement qui est assumé par chacun dans une situation particulière du contexte social.

Pour distinguer les normes des principes, Robert Alexy suit la même ligne que Dworkin, mais, à la différence de celui-ci, il confère aux principes le caractère de normes de droit. Ainsi, les règles sont-elles des normes de caractère impératif qui ordonnent la réalisation ou l'omission d'une action, dans le cas où celles-ci peuvent seulement être accomplies ou pas et où elles sont normes du tout ou rien. Quand deux règles de même niveau s'opposent, c'est-à-dire entrent en conflit, l'unique issue au problème est de

---

185 *Ibid.*, p. 69.

déclarer l'invalidité de l'une d'elles. L'exclusion de l'une de ces règles sera faite en ayant recours aux critères de validité, de spécialité, d'antériorité ou de validité dans le temps, et, également, en introduisant dans l'une des règles une clause d'exception qui élimine le conflit, c'est-à-dire qui détermine dans quels cas la règle précitée ne s'applique pas.[186]

Les principes ont ainsi un champ beaucoup plus vaste d'application. Après avoir obtenu le caractère d'ordres d'optimisation, ils ordonnent que quelque chose soit réalisé dans la plus grande mesure possible, au-dessus de toute autre chose, en considérant les possibilités juridiques et factuelles. Cette conception de maximisation de la norme repose sur le postulat aristotélicien qui conçoit les principes comme ce grâce à quoi on peut réaliser une chose au mieux et tout en restant dans une voie médiane.[187] En tenant compte de la nature des principes, les problèmes qui se présentent dans la collision de principes ne peuvent pas être résolus au moyen de l'exclusion de l'un d'eux hors de l'ordre normatif, comme il en est avec les règles : la primauté de l'un sur l'autre aura à être définie conformément au poids que chacun d'eux possède en face du cas concret.

Comme nous l'avions déjà dit, les principes sont définis comme préceptes d'optimisation ou de maximisation, et les règles comme normes qui peuvent seulement être suivies ou non.[188] Les principes ne contiennent pas d'ordre définitif mais ne considèrent celui-ci que *prima facie*. Du fait de ce qu'un principe vaut pour un cas, on n'infère pas que ce que le principe exigé pour ce cas vaut comme résultat définitif pour tout autre cas. « Les principes présentent les raisons qui peuvent être déplacées et auxquelles on peut substituer d'autres raisons opposées. Le principe ne détermine pas comment la relation doit être résolue entre une raison et son opposé, en cela, les principes manquent d'un

[186] Alexy Robert. *Teoría de los derechos fundamentales*, Madrid, Centro de estudios políticos y constitucionales, 2002, p. 82.

[187] Aristóteles. *Metafísica, libro V, capítulo I*. En Obras (T. d. Samaranch., Trad.), Madrid, Aguilar, 1973, p. 958.

[188] Alexy Robert. *Teoría de los derechos fundamentales*, Madrid, Centro de estudios políticos y constitucionales, 2002.

contenu de détermination à l'égard des principes opposés et des possibilités factuelles. »[189]

En revanche, les règles ont un caractère définitif applicable à la manière du « tout ou rien », et par là-même, celles-ci exigent la réalisation d'une action spécifique ou ce qu'il faut arrêter de faire, en définissant pour cela l'enceinte des possibilités juridiques et factuelles.[190] Le problème des règles réside dans le fait qu'elles peuvent finir par être invalidées et rester exclues de la mise en ordre juridique si les possibilités factuelles et juridiques déterminées pour son application sont impossibles.

La différence qui a été signalée entre les règles et les principes répond au critère de généralité postulé par Alexy. Conformément à ce critère, les principes sont des normes dotées d'un degré relativement haut de généralité, tandis que les règles sont des normes avec un niveau de généralité relativement bas. On comprend ici la généralité comme l'enceinte d'application de la norme, c'est-à-dire comme l'étendue dans laquelle s'applique la disposition.

Il faut donc dire que le caractère des principes, après avoir demandé la réalisation maximale possible, a une relation d'implication avec le principe de proportionnalité et que celui-ci implique en même temps le caractère des principes. Le principe de la proportionnalité comme modalité de pondération est composé de trois sous-principes qui sont l'aptitude (aussi dénommée adéquation), la nécessité et la proportionnalité. Les deux premiers expriment l'ordre d'optimisation relatif aux possibilités factuelles et le deuxième se réfère à l'optimisation relative aux possibilités juridiques qui servent proprement au jugement de pondération juridique.[191] Être la pondération de la forme caractéristique d'application juridique des principes, c'est ce qui fournit le caractère inaliénable aux principes dans la mise en ordre juridique.

Pour dépasser les problèmes qui sont suscités par la collision de principes, Alexy postule deux lois, la « loi de la pondération » et la « loi de la collision ». La loi de la pondération précise que

---

[189] *Ibid.*, p. 88.
[190] *Ibid.*, p. 98.
[191] *Ibid.*, p. 350-351.

« plus grand est l'ordre du degré de non-satisfaction de l'un des principes, d'autant plus grand devra être le degré de l'importance de la satisfaction de l'autre. »[192]

Selon Alexy, cette loi permet de reconnaître que la pondération peut être divisée en trois étapes dans lesquelles des problèmes spécifiques sont identifiés entre les principes : (1) préciser le degré d'affectation de l'un des principes, (2) préciser l'importance de la satisfaction du principe qui s'oppose à l'affecté et (3) préciser si l'importance de la satisfaction du principe opposé justifie l'affectation ou la restriction de l'autre principe.[193]

Ainsi, du processus de pondération, résulte la loi de collision, qui se fonde sur les conditions spéciales dans lesquelles un principe précède l'autre, comme résultat de l'analyse raisonnable des principes dans une collision en face des conditions de la situation spécifique. Le résultat de cette analyse est précisément une règle juridique qui détermine la suprématie d'un principe sur l'autre dans certaines conditions spéciales et finit par être l'établissement même d'une règle.[194]

En ce sens, la loi de collision proposée par Alexy explicite :

(K) Si le principe ***P1***, sous les circonstances ***C***, précède au commencement ***P2 : (P1 P P2) C***, et si de ***P1*** sous les circonstances ***C*** résulte la conséquence ***R***, alors vaut une règle qui contient ***C*** comme supposition de fait et ***R*** comme conséquence juridique :

C ⟶ R.

Une formulation un peu moins technique indique :

(K) Les conditions par lesquelles un principe précède l'autre constituent la supposition de fait d'une règle qui exprime la conséquence du principe précédent.[195]

Compte tenu de ce qui précède, pour Alexy, il est possible de considérer que « chaque fois qu'un principe est, en dernier ressort, une raison d'être fondamentale d'un jugement concret, ce

---

[192] *Ibid.*
[193] *Ibid.*
[194] *Ibid.*, p. 103.
[195] *Ibid.*, p. 94.

principe est la raison d'une règle qui représente une raison d'être définitive de ce jugement concret. »[196]

Peu nombreux sont les philosophes du droit qui avalisent la pondération et le principe de la proportionnalité comme voie pour résoudre la collision entre des principes, et plusieurs ont formulé des objections. Certains d'entre eux lui attribuent un caractère arbitraire et subjectiviste qui rompt avec les garanties statutaires que le modèle de l'État de droit fixe, facilitant ainsi complètement le décisionnisme judiciaire.

Certains, comme Habermas et Schlink, s'objectent à la proportionnalité parce qu'ils considèrent qu'il lui manque des critères rationnels, et qu'elle répond plus à l'arbitraire et à l'irréfléchi dans la formulation de standards auxquels on s'habitue pour définir que tel principe précède l'autre ;[197] ou parce que, dans le jugement de proportionnalité, la subjectivité du juge est utilisée et qu'en définitive, on peut seulement passer à l'acte grâce au décisionnisme.[198]

Alexy affirme que de telles objections auraient une certaine validité à chaque fois que l'on déduit que la pondération est une procédure qui conduit exactement à un résultat dans chaque cas particulier, mais ces objections perdent quelque validité que ce soit à chaque fois qu'elles sont déduites que la pondération n'est pas une procédure rationnelle.[199] À ce propos, la pondération soutenue par le principe de proportionnalité est complètement rationnelle et se fonde sur des jugements pleinement argumentatifs relatifs au poids qui correspond à chacun des principes qui entrent en collision pour un cas particulier étudié dans une étude.

La théorie discursive est pour Alexy l'instrument qui permet de résoudre les problèmes dans le processus de pondération des principes à chaque fois que dans l'échange discursif s'exposent des raisons justifiées pour décider quel est le principe qui précède

---

[196] *Ibid.*, p. 103.

[197] Habermas Jûrgen. *Facticidad y validez*, Madrid, Trotta, 2008, p. 332.

[198] Schlink Bernhard. *Freiheit durch Eingriffsabwehr-Rekonstruktion des klassischen Grundrechtsfunktion,* Europäische Grundrechte Zeitschrift, Kehl sur le Rhein, Strasbourg, 1984, cité par Habermas (2008).

[199] Alexy. Op. Cit. p. 159.

un autre principe. De cette façon, Alexy oppose en définitive, pour résoudre la collision des principes, le modèle décisionniste au modèle de fondement raisonné.[200]

Conformément à ce qui précède, Alexy résout l'objection de la rationalité de la pondération à partir du fondement des raisons avec lesquelles il définit le poids des principes dans une collision, en déplaçant le problème de la rationalité de la pondération vers le fondement des énoncés qui définissent la préférence d'un principe par rapport à un autre dans une situation spéciale. Par conséquent, une pondération sera rationnelle chaque fois que « l'énoncé de la préférence auquel la pondération conduit peut rationnellement être fondé. De cette façon, le problème de la rationalité de la pondération conduit à la question de la possibilité du fondement rationnel d'énoncés qui établissent des préférences conditionnées entre des valeurs ou des principes opposés. »[201]

Bernal Pulido définit le principe de proportionnalité comme le critère structural qui « sert à articuler les tensions qui sont créées entre des dispositions constitutionnelles ou entre des arguments interprétatifs matériels du droit fondamental rentrant dans une mutuelle opposition (…). Le principe de proportionnalité est plutôt un outil catalytique du processus de réduction des tensions entre les contenus axiologiques des droits fondamentaux qui se heurtent entre eux. »[202]

La solution au problème de la collision de principes par la voie de la pondération à partir du modèle de fondement raisonné d'Alexy, met les interlocuteurs en situation de légitimer leurs propres principes et le poids ou l'importance que chaque principe a par rapport à une situation concrète du monde social, en faisant des partenaires sociaux les agents d'un processus législatif fondé sur l'objectivation des principes par la voie de la discussion fondée sur des arguments.

Cette notion est éloignée du principe de légitimité habermassien, parce que, pour Alexy, les arguments des

---

[200] *Ibid.*, p. 158.

[201] *Ibid.*, p. 159.

[202] Bernal Pulido Carlos. *El principio de proporcionalidad y los derechos fundamentales*, Madrid, Centro de estudios políticos y constitucionales, 2005, p. 511.

partenaires sociaux ne sont pas des orientations rationalisées qui seraient centrées sur la réduction de la participation de l'individu pour qu'il réponde par « oui » ou « non », mais les arguments se soustraient à la rationalisation institutionnelle et se concentrent sur les fondements produits par le jugement commun et par l'objectivation commune des partenaires sociaux nécessaires pour qu'ils soient responsables dans la détermination de l'importance des principes. La légitimité ne doit pas se fonder sur une réponse simple et prédestinée.

Quand Habermas reconnaît le principe comme une méta-norme qui permet de produire des normes de caractère juridique, il fonde la mise en ordre positive dans une morale qui fixe les maximes décisives de la justice. Il ne réussit cependant pas à dépasser la notion positiviste et légaliste de la légitimité, bien qu'il investisse l'équation wébérienne de la légitimité légale, puisque pour lui, « la croyance en la légalité est déduite de la croyance en la légitimité. »[203]

La justice se révèle ainsi sujette à expérimentation. L'expérimentation pragmatique de la justice consiste en effet à transférer dans la vie sociale la logique dialogique d'expérimentation de l'accord des hypothèses scientifiques avec le monde visible : en faisant du consensus avec autrui une instance de confirmation ou d'infirmation des hypothèses de la justice, une instance cognitive et une pratique transcendantale par rapport aux désirs des individus. « Dans ce contexte d'expérimentation, les interlocuteurs s'expérimentent les uns les autres par leurs actes de parole : comme les scientifiques consultent le consensus de leurs hypothèses avec le monde visible pour lui faire répondre par "oui" ou par "non" à la question "mon hypothèse est-elle vraie ? ", de même, les interlocuteurs interrogent le consensus avec leurs partenaires sociaux pour lui faire confirmer ou infirmer l'hypothèse de vie qu'ils cherchent à leur faire partager en leur parlant. »[204]

---

[203] Habermas Jürgen. *Raison et légitimité. Problèmes de légitimation dans le capitalisme avancé.* Paris, Payot, 1988, p. 137.

[204] Poulain Jacques. *La Condition démocratique. Justice, exclusion et vérité*, Paris, L'Harmattan, 1998, p. 9.

Il est clair que la pondération de principes dans un modèle d'État de droit doit se fonder sur les procédés rationalisés qui assurent les conditions minimales permettant au juge de résoudre le problème. Cependant, ce processus de pondération que le juge apporte aura à se fonder sur la pondération de légitimation réalisée dans un ordre collectif par des partenaires sociaux qui ont mis en question l'importance de l'un ou l'autre principe par rapport à un sujet particulier.

On fait ici référence à un processus instituant dans lequel le partenaire social met en jeu sa vision du monde, les fondements de ses jugements, l'objectivation des discours et les situations du monde à partir de l'accumulation des significations qu'il partage avec d'autres individus, dans un contexte déterminé ou délimité, contexte dans lequel ont été jugées en commun les catégories qui permettent de comprendre les situations sociales du monde. Cela ne signifie pas que le principe ne surgisse pas des processus législatifs - positifs, ni non plus des processus judiciaires, que le juge résout dans son activité judiciaire.

Le fait que les principes passés par la législation positive soient inaliénables au juge n'est pas du tout la même chose que le fait qu'ils deviennent les pratiques législatives uniques qui soient valables dans l'ordre social. Il est clair que ces principes ne deviendront pas des pratiques législatives bureaucratiques, bien qu'ils soient légalisés par ce procédé, et que certains finissent comme normes rectrices de codes de droit et de lois étatiques, mais aussi comme des pratiques et des jugements qui fondent les relations des partenaires sociaux : ceux-ci les transforment en dispositifs qui adaptent diverses situations aux relations des partenaires sociaux.

Les notions juridiques remarquables des principes servent jusqu'ici à identifier les standards qui permettent aux juges de surmonter les problèmes juridiques surgissant quand une norme légiférée ne réussit pas à définir les paramètres pour résoudre un problème pratique, ou quand il y a des conflits entre une norme et une réalité qui contrevient à l'idée de justice dans le monde social.

Ce qui est proposé, c'est une notion de principe fondée dans la faculté de jugement des partenaires sociaux et dans l'objectivation qui découle du jugement intersubjectif qui remet en question les sujets communs du monde que les partenaires sociaux partagent. Ce processus doit donner comme résultat la reconnaissance intersubjective de maximes qui définissent des lignes de relations sociales et les relations institutionnelles bureaucratiques qui s'attachent à la valeur des processus d'objectivation des partenaires sociaux, et non à la valeur de vérité des discours pragmatiques.

La notion de principe fondée sur la faculté de jugement donne ici l'avantage à l'ordre institutionnel. Les normes juridiques peuvent prendre ces standards pour maintenir la validité et la stabilité de l'ordre social sans qu'existent des conflits entre des intérêts communs et des intérêts bureaucratiques institutionnels. Cet avantage est obtenu parce que le principe n'a pas le caractère de norme juridique proprement dite, et découle de la reconnaissance commune de pratiques sociales dans lesquelles des formes ou des standards sont définis pour orienter les décisions du monde social.

Cela signifie que la reconnaissance conçue comme reconnaissance d'un standard pour l'orientation des décisions, ne passe pas par la validité de l'ordre normatif légiféré, mais qu'il repose sur les capacités des partenaires sociaux à reconnaître la vérité de leurs jugements, la vérité des jugements de leurs interlocuteurs, et à juger en commun des nécessités, des intérêts et des désirs communs. Ils doivent objectiver le monde social et se reconnaître dans la vérité unique que les partenaires sociaux peuvent identifier comme telle quand ils mettent leurs propres jugements en relation. En cela, la validité du principe dépasse les limites que la légalité détermine pour la création de standards de comportement.

Il s'ensuit que la relation rationalisée entre principe, légalité et légitimité est dépassée par la relation entre une faculté de jugement, d'objectivation et de reconnaissance, comme fondement des normes et des institutions politiques. Cette relation ne peut pas se comprendre comme un pacte ou un accord dans lequel les individus renoncent mutuellement à quelque chose pour instituer une orientation particulière de leurs vies dans le monde social. La relation se constitue dans la construction objectivée du monde dans lequel ils partagent des nécessités, des intérêts et des désirs, et dans le pacte obtenu lorsque les relations du monde social passent par les instances réfléchissantes des partenaires sociaux, comme un filtre qui identifie et retient les intentions pragmatiques de construire une réalité en dehors de laquelle l'individu s'identifie dans sa relation à l'autre.

Par conséquent, l'équation « pouvoir politique, légalité et légitimité » ne fonctionne pas pour le cas des principes fondés sur la faculté de jugement instituant, parce que dans cette perspective, le pouvoir politique et la légalité ne précèdent pas le jugement des partenaires sociaux : au contraire, il s'agit de conséquences du jugement instituant.

Si nous suivions l'idée selon laquelle on devrait maintenir une notion de principe de législation bureaucratique, il ne serait pas possible d'essayer de dépasser les limites et les problèmes qui sous-tendent la légitimité d'institutions et de normes, que cette légitimité se fonde en principes de type positiviste à tendance religieuse ou qu'elle se fonde sous forme de légalité bureaucratique. La tension dogmatique-juridique entre la légitimité et le jugement de vérité instituant finit par mettre en évidence les faiblesses de l'ordre normatif et la fragilité des quelques institutions qui se maintiennent dans les jugements préconçus et consacrés qui ne peuvent pas être remis en cause pour sauvegarder l'idée sacralisée de la sécurité juridique.

De plus, les limites législatives bureaucratiques de la légitimité contreviennent à leur propre légalité selon laquelle la légitimité est sanctifiée et elles transfèrent leur propre maladie aux institutions et aux normes. Cela se produit parce que le modèle positiviste de légitimité donne la parole à l'individu pour qu'il justifie l'évaluation des institutions politiques, et qu'on substitue à cette parole des objectivations anticipées du monde à travers la pragmatique du discours et à travers le consensus exprimé implicitement dans les normes et les institutions, dans le cadre d'un modèle de démocratie représentative. En effet, l'homme se trouve obligé de s'y identifier aux nécessités et aux désirs des autres, en se reconnaissant dans un consensus qui construit pragmatiquement une réalité sociale qui n'est pas la réalité qu'il identifie, mais qu'il doit accepter pour ne pas être exclu du macro-monde de référence auquel il est rattaché.

Cette forme de légitimation peut seulement s'expliquer par la condition de l'homme comme être social, qui fait de son environnement une réalité objective dans le langage à travers des relations intersubjectives, une réalité dans laquelle l'ordre institutionnel a besoin d'être légitimé pour être reconnu comme tel, c'est-à-dire qu'il a besoin de valider les manières par lesquelles il peut s'expliquer et se justifier son monde institutionnel. Cette forme de légitimité se comprend comme un processus d'institutionnalisation d'un organisme dont l'objectivation doit être transmise à une nouvelle génération d'individus en expliquant et en justifiant les significations impliquées dans cet organisme à partir des référents objectivés qui lui donnent du sens et valident les normes.

La légitimation "explique" l'ordre institutionnel en attribuant une validité cognitive à ses significations objectivées. La légitimation justifie l'ordre institutionnel en adjugeant une dignité normative à ses impératifs pratiques. « Il est important de comprendre que la légitimation a un élément à la fois cognitif et normatif. En d'autres termes, la légitimation n'est pas seulement une question de "valeurs" : elle implique toujours aussi "une connaissance". »[205]

Malgré le fait qu'elle maintienne un composant normatif qui stabilise les raisons soutenant l'existence de l'institution et qu'elle donne une sécurité à l'institution elle-même, cette forme de légitimation fixe des frontières de significations institutionnelles statiques, puisqu'elle permet de réinterpréter l'ordre institutionnel et la structure normative dans son ensemble pour laisser place à d'autres orientations politiques et sociales que de plus en plus d'agents lient à la relation de l'État à la société. « En d'autres termes, les légitimations peuvent se succéder les unes aux autres, en octroyant cependant autant de nouvelles significations aux expériences sédimentées de cette collectivité. L'histoire passée de la société peut recommencer à être interprétée sans que cela n'implique comme conséquence nécessaire de troubler l'ordre institutionnel. »[206]

L'objectivité du monde institutionnel s'observe chez chaque individu quand il reconnaît le contenu des institutions et ce qui

---

[205]Berger Peter & Luckmann Thomas. *La Construcción social de la realidad.* Buenos Aires, Amorrortu Editores, 1979. p. 122.
[206] *Ibid.*, p. 93.

les justifie comme instance valablement établie. « S'il y a un problème, il découle des difficultés subjectives que l'individu peut avoir envers l'intériorisation des significations socialement acceptées. »[207]

De la même manière, la légitimité signale à l'individu les raisons pour lesquelles il doit réaliser une action et pas une autre, et pourquoi les choses sont comme elles se présentent et ne peuvent pas être autrement. Cela fait que, dans la légitimation des institutions, la « connaissance » précède les « valeurs »[208], sans perdre de vue les difficultés qui existent pour « exiger une légitimité dans le sens d'une orientation dirigée par des principes ou des valeurs indubitables et qui aient aussi, par cela, une constance temporelle. »[209] Berger et Luckmann reconnaissent la légitimation comme un processus d'objectivation des significations du monde social où se produisent les nouvelles significations qui composeront les significations établies avec des processus institutionnels. En fait, « la fonction de la légitimation consiste à obtenir que les objectivations "du premier ordre" déjà institutionnalisées deviennent objectivement disponibles et subjectivement plausibles. »[210]

La légitimation comme intégrateur de relations sociales se concentre plus dans les processus de construction d'un monde partagé que dans la reconnaissance d'une objectivité fondée sur un ordre normatif. Elle est projetée comme un processus dans lequel les partenaires sociaux se reconnaissent dans un système de normes et d'institutions complètement libres de toutes contraintes, en produisant un processus interne de réflexion pour confronter le contenu des normes et des institutions aux valeurs et aux standards de comportement, aux nécessités et aux intérêts socialement partagés.

La légitimité doit être attachée aux processus d'objectivation du monde dans le cadre des relations intersubjectives, et non dans le cadre des discours institutionnels qui émanent des institutions

---

207 *Ibid.*, p. 108.

208 *Ibid.*, p. 122.

209 Luhmann Niklas. *El Derecho de la sociedad,* México D.F., Herder, 2009, p. 406.

210 Berger Peter & Luckmann Thomas. Op. Cit. p. 120-121.

politiques. Car effectivement, le piège implicite dans les processus de légitimation institutionnelle consiste à montrer que la réalité unique qui se reconnaît dans le discours est la réalité de l'acte illocutoire[211] qui porte en lui-même sa propre réalité et sa propre vérité. Ainsi, l'individu reste-t-il rattrapé par cette vérité, et doit renoncer aux possibilités de juger et de chercher avec les autres l'objectivation de son monde et la rencontre avec les réalités communes. Dans les termes de Kant, il lui est interdit de quitter l'état de minorité dans lequel le cantonne le système juridique, pour passer de là à une majorité politique.

Reconnaître le caractère illocutoire d'un énoncé, c'est l'accepter comme une règle qui conditionne la communication et l'accord entre les interlocuteurs, sans laquelle l'individu reste hors de toute communication et de tout accord.[212] C'est permettre que les imaginaires radicaux fonctionnent au niveau métapsychologique pour que l'individu reconnaisse le discours comme vrai d'avance sans que ce discours ne soit soumis à une évaluation qui confronte la vérité à d'autres perspectives.

Ce consensus démocratique doit sa puissance de justification et de légitimation à son pouvoir de produire ses effets du seul fait qu'il les mette en transparence, du seul fait qu'il dise ce qu'il fait et qu'il le fasse accepter, dotant ses porteurs de la propriété quasi-divine d'incarner l'idéal transcendantal kantien, de produire le plus grand bien de tous dans le partage d'une justice garantie par l'accord de tous avec tous. « Il semble assurer la conformité de toute transformation d'autrui et de soi-même au devoir être. Il le fait par la façon dont il pré-harmonise le rapport politique qu'il instaure à sa finalité morale, du seul fait qu'il l'exprime et qu'il communique sa certitude, du seul fait qu'il traduise les rapports sociaux de parole, en les inscrivant dans un système juridique, dans leurs effets sociaux et culturels, et qu'il rende ainsi visible et sensible leur justice de façon apparemment nécessaire, en ne permettant de réaliser que ce qui a obtenu l'accord de tous. »[213]

---

[211] Poulain Jacques. *La neutralisation du jugement ou la critique pragmatique de la raison politique.* Paris, L'Harmattan, 1993, p. 244.

[212] *Ibid.*, p. 239.

[213] Poulain Jacques. *La Condition démocratique,* Paris, L'Harmattan, 1998,

Dans ces conditions, le jugement de vérité comme fondement d'objectivation commun émerge comme le principe du processus de légitimation sociale des normes et institutions, par lequel la liberté d'exercer ce jugement de vérité dépasse la légitimation formelle et circulaire positiviste, et le fait passer avant les jugements déterminés par des discours institutionnels et des normes juridiques. Ce jugement de vérité n'est que le fondement instituant de vérité dans le processus d'objectivation et de légitimation des différentes instances sociales, où normes et institutions affectent directement les partenaires sociaux.

Le discours pragmatique tente de donner la réponse aux désirs et non aux nécessités des individus, en rassemblant l'attention au niveau du temporel et non du permanent. Le discours pragmatique assure que les individus comprennent le monde et l'acceptent depuis leurs arguments parce qu'ils ne font alors que se reconnaître dans un niveau dogmatique préjugé et non pas au niveau des jugements, où l'on pense que le meilleur des consensus est à l'intérieur des décisions démocratiques de quelques minorités qui se soumettent la volonté des majorités. Ceci assure la dictature du consensus pragmatique et réaffirme la neutralisation du jugement dans les limites du droit.

Le jugement de vérité comme principe du processus de légitimation rend la parole aux partenaires sociaux pour qu'ils puissent se parler entre eux et à eux-mêmes dans l'instance réfléchissante, et en étant à la fois locuteurs et allocutaires les uns par rapport aux autres. Ainsi ils peuvent juger et soupeser la réalité du monde qu'ils partagent avec d'autres acteurs sociaux, et reconnaître que les autres sont dans le même processus de production d'un jugement de vérité pour juger en commun, sans l'intervention d'autres discours, de la réalité que les interlocuteurs partagent et qu'ils doivent objectiver en créant eux-mêmes les conditions de la justice. Ces conditions ne peuvent apparaître que dans la construction intersubjective d'un jugement commun qui règle les normes et les institutions politiques directement impliquées dans la construction d'une réalité sociale identique à celle qui est objectivée par les partenaires sociaux dans le partage de leur jugement de vérité.

---

p. 10-11.

V

La loi de vérité comme principe de légitimation du juste et du vrai

Les efforts du capitalisme privé pour instaurer une vision politique et sociale qui unifie les intérêts et les désirs des partenaires sociaux ne passent pas simplement par le recours à la pragmatique réfléchie, ni par les théories du consensus pour reconnaître le monde capitaliste comme l'unique vérité désignant le meilleur des mondes possibles. Il est bien connu, à partir des études de L. Bolk et d'A. Gehlen, que la condition inachevée de l'homme laisse ouverte une grande possibilité pour que les manques biologiques soient compensés par les institutions, et spécialement par le droit. De même, l'être humain a maintenu en vigueur la nécessité et le désir de donner vie à des figures sacrées qui résolvent en son nom les problèmes qu'il est incapable de démêler à partir de ses potentialités.

La précarité biologique de l'homme le condamne à la dépendance envers des instances externes qui produisent et reproduisent des envies choisies à sa place. Son monde environnant est construit par le capitalisme, de façon à ce qu'il n'ait pas la possibilité de parler, ni de s'écouter lui-même parler, et qu'il ne soit pas capable de différencier l'émission du son, de la réception auditive de ses propres émissions, de sorte qu'il peut retourner à l'état infantile consistant à croire que les choses lui parlent, c'est-à-dire qu'il puisse se contenter d'un animisme juridique.

Ce qui nous intéresse, c'est de constater que l'individu vit cette folie animiste en croyant que les institutions capitalistes, les lois, la démocratie et les Droits de l'homme lui parlent, parlent en son nom et représentent le désir de tous. Chez l'enfant, la folie animiste commence à être dépassée quand il devient conscient que c'est lui qui se parle à lui-même et que les objets ne

« parlent » qu'en étant ou non face à lui. Ce dialogue avec soi-même se produit à travers une pensée construite sur le modèle de l'émission/réception audio-phonique, qui devient dans les phénomènes de la pensée ce que Poulain nomme « l'écoute de l'écoute ».[214] Le centre de cette folie animiste réside dans le mouvement d'émission/réception qui fait du son émis la réponse immédiate à cette émission, sans que l'enfant ne réussisse à identifier le reflet audio différencié qui le sépare de la chose, et qui lui fait croire que c'est la chose même qui lui parle et qui vit à côté de lui.

Par la suite, l'enfant donne une consistance significative aux choses comme « objets différenciés » de lui-même et les uns des autres, en remplaçant le système de sons de l'émission/réception simultanée par un système linguistique de mots et de phrases chargées de contenu. Avec ce nouveau schéma, l'enfant coordonne son monde moteur et psychique après avoir découvert que le langage lui permet d'économiser le déplacement pour connaître les objets. Il n'a pas besoin d'aller toucher l'eau pour savoir que c'est un fluide, ni la pierre pour savoir qu'elle est dure. Il apprend à subordonner le toucher à la vision et tous les systèmes moteurs à son langage, mais il ne peut produire cette dernière opération, il ne peut construire sa conscience psychique qu'en reconnaissant la loi de vérité : qu'en reconnaissant dans ses pratiques que ce qu'il pense est aussi vrai ou faux qu'il a dû le penser vrai pour pouvoir le penser.[215]

Que l'individu ne puisse pas penser une pensée avant de la penser implique que l'individu sera toujours ce premier mécanisme d'émission/réception simultanée qui devient « écoute de l'écoute », un langage intériorisé, pensée, réflexion, et il ne pourra juger que ce qu'il pense vrai et y acquiesce pour avoir ainsi pu le penser. « C'est ainsi que l'homme contemporain découvre que la dynamique unique qu'il doit respecter est celle qui lui

---

214 Poulain Jacques. *La apuesta por la verdad. Crítica de la razón pragmática*, (W. González, Ed., & W. González, Trad.) Cali, Extremo Occidente, 2003, p. 50.

215 Poulain Jacques. *L'âge pragmatique ou l'expérimentation totale.* Paris, L'Harmattan, 1991, p. 39.

permet d'une manière satisfaisante de construire son monde à partir de sa faculté de juger. »[216]

L'anthropologie philosophique de Gehlen a pu identifier que la condition de l'homme comme être inachevé ou incomplet est dépassée et surmontée par l'identification de l'homme à ses propres sons, par la capacité qu'il a pu développer pour identifier que, quand il parle, il est différent des choses et des autres, qu'il est à la fois celui qui, simultanément, parle et s'écoute, en différenciant les choses du monde et de lui. Ainsi, les grands désavantages biologiques sont compensés par l'institution du langage qui lui permet de dire le monde, de se distinguer lui-même des choses du monde, et enfin, de savoir qui il est dans son monde intérieur et quel lieu il occupe dans le monde extérieur par rapport aux objets.

C'est cette différenciation conçue comme base des processus d'objectivation du monde externe et de subjectivation du monde intérieur de l'agent qui lui permet de surmonter sa folie animiste d'être indifférencié audio-phoniquement à son monde : c'est elle qui fait qu'il puisse construire son monde comme réponse à ses nécessités, ou mieux, comme réponse à ses défauts biologiques qu'il doit compenser dans l'environnement qu'il habite. Le dialogue avec lui-même y devient une pensée ou une réflexion qui lui permet d'identifier les choses et les situations du monde dans le même sens que les autres les identifient. En effet, il sait que les autres dialoguent avec eux-mêmes, pensent et réfléchissent. C'est pourquoi ils sont loin, eux aussi, de la folie animiste : cela leur permet d'objectiver le monde externe et de savoir qu'ils le font.

Cette forme d'objectivation du monde n'échappe pas au standard de validation qui apporte avec lui la vérité à propos du monde objectivé. Il n'est pas suffisant que les partenaires sociaux se reconnaissent inter-subjectivement liés dans le langage et dans l'objectivation qui se produit dans le dialogue avec les autres pour définir les choses qui sont en relation directe avec le monde externe collectif. Il est nécessaire que cette objectivation passe

---

[216] Poulain Jacques. *La apuesta por la verdad. Crítica de la razón pragmática*, (W. González, Ed., & W. González, Trad.) Cali, Extremo Occidente, 2003, p. 50-51.

par le filtre de vérité, qui permet aux partenaires sociaux de juger de la réalité du monde. C'est pourquoi les objectivations du monde comme processus dialectiques tendent à être légitimées dans le langage des institutions, quand celles-ci commencent à valider l'objectivation de ses réalités en laissant en dehors le dialogue social. L'être humain doit passer ici par un état de minorité institutionnelle qui se consolide de façon animiste par rapport à lui-même.

La vérité n'y est alors que cette réalité objectivée par les discours institutionnels, qui ordonne les objets du monde à sa manière de façon à ce qu'ils soient appréhendés comme les réalités qui guident la vie des partenaires sociaux en déterminant, d'un côté, les formes dans lesquelles ils ont à être liés aux choses du monde extérieur, et d'un autre côté, en déterminant également la connaissance des choses et des normes comme un ensemble de vérités qu'ils ont à reconnaître comme réalités valables. « Toute déviation radicale en dehors de l'ordre institutionnel y apparaît comme une déviation de la réalité qui peut s'appeler une dépravation morale, une maladie mentale, ou encore, une ignorance tout court. »[217]

La religion a condamné beaucoup de peuples à payer un très haut prix pour obtenir « leur salut » et les faveurs divines. Elle les a conduits à la paupérisation de leurs vies, à assumer avec résignation et espoir la misère, la souffrance et l'exclusion, parce que c'était la condition qu'ils avaient à remplir et le prix de leur passeport vers un monde inexistant. Ces notions ont laissé le chemin ouvert pour l'exploitation, l'iniquité et l'inégalité sociale. La condition nécessaire pour obtenir le passage vers un nouveau monde après la mort a justifié les abus et les excès d'une dynamique capitaliste qui est la cause principale de la souffrance sociale chez l'humain mais qui se justifie en s'affirmant comme étant ce dont l'homme a besoin pour gagner sa vie dans le « ciel ».

L'échange de souffrance par l'accès au « ciel » comme notion calviniste fait renoncer l'homme aux possibilités de se procurer l'état de vie des conditions suprêmes dans l'unique monde qui existe réellement et qui le condamne à vivre dans la foi et dans la

---

[217] Berger Peter & Luckmann Thomas. *La Construcción social de la realidad.*, Buenos Aires, Amorrortu Editores, 2001, p. 89.

croyance en l'écartant de la possibilité de découvrir quelle est sa réalité et comment s'approprier le monde qu'il habite. Ce renoncement motivé par la foi dans le droit laisse le chemin ouvert pour que certaines libéralités capitalistes continuent à exister sous le contrôle du monde et du jugement de l'homme.

Comme le discerne le professeur Poulain, « en faisant de la soumission au consensus non seulement la loi du progrès social et économique, mais également le moteur du progrès scientifique et technique, ainsi que la loi d'intégration de ce progrès dans la vie personnelle des individus, le libéralisme semble mener à son terme le processus de rationalisation de l'homme et de l'univers ». [218]

La condamnation du Dieu leibnizien à l'inexistence et l'appropriation par l'homme d'une quasi-autonomie divines sont responsables du destin social et politique de l'humanité. Elles ont exempté complètement l'homme de la nécessité d'avoir une figure sacrée qui oriente et rende possible la construction du monde qu'il habite, en transférant au langage le pouvoir de faire le monde et de changer l'état de choses auxquelles il est lié. La parole y devient une figure capable de créer illocutoirement le monde désiré et de changer les choses comme on le désire.

La théorie des *Speech-Acts* réaffirme le transfert de l'objectivation du monde vers un Tiers sacré qui serait maintenant selon elle le langage : celui-ci changerait les choses du monde grâce à sa capacité de s'auto-objectiver illocutoirement, comme le jugement qui juge l'objectivité des choses décrites.[219] « Celles-ci s'expriment même lorsqu'il s'agit de reprendre le contrôle de la civilisation occidentale comme tentatives chamaniques de surmonter la conscience incontournable du malheur collectif que constitue l'injustice libérale en la déniant et en la remplaçant par la jouissance politique anticipée de la certitude du salut public. »[220]

---

[218] Poulain Jacques. *La condition démocratique. Justice, exclusion et vérité.* Paris, L'Harmattan, 1998, p. 8.

[219] Poulain Jacques. *El juicio de verdad en los actos de habla.* Cali, (trad. William González), Extremo Occidente, 2003, p. 48.

[220] Poulain Jacques. *La condition démocratique. Justice, exclusion et vérité.* Paris, L'Harmattan, 1998, p. 20.

Il est possible d'établir le caractère indirect de l'acte de parole et de la pensée, en reconnaissant qu'une proposition n'a pu être pensée où énoncée qu'en la pensant nécessairement comme vraie, comme condition nécessaire pour pouvoir la penser ou l'énoncer. « Énoncer p ou penser p, c'est penser de p qu'elle est vraie, puisque l'on peut seulement la penser vraie pour pouvoir la penser, pour pouvoir isoler la seule référence unique dont on parle et pour pouvoir lui attribuer sa propriété comme lui appartenant d'une manière aussi objective qu'existe objectivement cette référence : l'objectivité fait que cette référence constitue un objet et seulement cet objet. »[221]

Penser la proposition comme vraie définit la forme par laquelle la proposition sera utilisée dans la communication intersubjective et dans la communication avec soi-même qu'est la pensée. Utiliser une proposition implique qu'elle soit pensée vraie : la pensée de la vérité de *p* est nécessaire pour sa production et solidaire de l'usage de la copulation : « il est » ou du verbe employé dans la proposition principale de manière catégorique. La compréhension de la proposition implique également qu'il faut la penser vraie, par conséquent on ne peut pas la comprendre sans la penser vraie. Conformément à la thèse de Poulain, le vrai consensus transcendantal s'obtient en virtualisant le consensus avec soi-même et avec les autres pour pouvoir se parler à soi-même ou parler aux autres, ce qui implique qu'il n'y ait pas de position intuitive de l'identité de la représentation de l'acte de parole avec la représentation de la réception de soi-même ou de l'autre.[222]

Consolider ceci, c'est inverser, à l'intérieur de la théorie du langage, le primat pragmatique du sujet théorique sur le sujet pratique. En effet, c'est affirmer également que seule la force transcendantale qu'a le langage peut rendre possible la perception, la connaissance, l'action motrice et le désir, à condition de les objectiver, en les faisant penser comme aussi réels qu'il faut les penser réels pour pouvoir les penser, et en les faisant penser aussi conformes à ce qui est dit que la manière

---

[221] Poulain Jacques. *El juicio de verdad en los actos de habla.* Cali, (trad. William González), Extremo Occidente, 2003, p. 35.
[222] *Ibid.*, p. 36.

dont on a dû les penser conformément à ce que l'on dit, pour avoir pu les penser. « Cet empirisme du jugement est philosophique, parce que l'expérience de la vérité de la parole conditionne l'expérience de la même objectivité sensible, de la même manière qu'il conditionne l'objectivité de l'action et du désir. Pour pouvoir juger votre propre vérité, cette transformation radicale qui est faite par rapport aux approches pragmatiques du langage doit être effectuée et développée dans une théorie transcendantale de l'énonciation propositionnelle et dans une théorie transcendantale de la communication. »[223]

En ce sens, on dépouille les actes de parole de leur effet magique d'objectivation de l'énoncé et du monde à travers l'énoncé. On ne peut pas dissocier la compréhension de l'énoncé de la certitude de sa vérité ou de sa fausseté, car la séparation entre la compréhension de l'énoncé et son affirmation obéit au fait que l'individu, comme l'avait affirmé Wittgenstein, peut comprendre une proposition sans savoir encore si elle est fausse ou vraie[224]. Il s'agit alors une évidence purement méta-psychologique qui, pour Poulain, s'avère complètement fausse. Car elle ne réussit pas à dépasser l'espace de la conscience qu'on en a sans s'apercevoir que la compréhension de la proposition énoncée implique sa propre vérité.

Que toute proposition affirme sa propre vérité comme le souligne Charles Sanders Peirce, reste pour ce dernier un constat qui se maintient seulement au niveau métapsychologique du mentalisme[225] et est due au fait que l'identification que fait le sujet de sa pensée avec l'affirmation de *p* est un fait mental similaire à l'affirmation constative des faits du monde extérieur, des faits par lesquels les hommes de science confirment ou invalident leurs hypothèses. Cela sert à la pragmatique pour assurer que le partenaire social peut être expérimenté à travers ses paroles en constatant l'objectivité des choses et en l'identifiant au fait mental d'identifier la pensée à l'affirmation d'elle-même. Par conséquent, il ne faut rien vérifier en dehors du contenu propre de l'affirmation. L'affirmation illocutoire des

---

[223] *Ibid.*, p. 36-37.
[224] *Ibid.*
[225] *Ibid.*

actes de parole permet d'expérimenter le monde naturel et social comme un laboratoire et de confirmer ainsi l'état des choses du monde. En ce sens, Poulain remarque que la théorie pragmatique du langage ne réussit pas à découvrir la condition véritablement transcendantale de l'usage du langage et de toute expérience, « parce que le mentalisme ne lui permet pas de reconnaître qu'elle vaut dans la relation intersubjective à la parole, et qu'elle vaut aussi pour la relation de communication avec lui-même, qu'est la pensée. »[226]

Cette relation mentale est le jugement même : c'est la relation où advient la réalité du juger. L'usage de la faculté de jugement constitue, selon Poulain, un événement inévitable en nous, un événement auquel on ne peut échapper et qu'on ne peut éviter d'arriver. On ne peut pas décider de ce qui va se penser ou pas avant de le penser, mais on peut encore moins se soustraire au processus qui implique l'exercice du jugement critique qui est étranger à la volonté de celui qui doit l'exercer et qui arrive comme tel en lui. Quand la faculté de jugement est exercée, ce qui vaut à l'intérieur de la relation intersubjective vaut aussi pour la relation de communication avec soi-même qu'est la pensée. Cette relation mentale est le jugement même, un jugement où l'unique chose à faire est de reconnaître qu'il nous arrive comme un événement indifférent à la volonté de le produire et qu'il suffit de constater son occurrence en nous.[227]

Dans cet événement se manifeste vraiment la réflexion qui s'attache à la nature de la proposition, là où la pensée réfléchissante de la vérité est constitutive de la relation d'objectivation qui ne peut être l'objet d'une norme du discours ou du langage : « elle ne peut être l'objet d'un Sollen comme le pensent Austin, Grice, Searle, Apel et Habermas, c'est-à-dire, comme le lieu d'aperception d'une norme que l'on serait libre de respecter ou non, mais elle est de l'ordre d'une loi nécessaire, d'un Müssen, de ce que l'on ne peut s'empêcher de faire, du fait qu'on le dise ou que l'on y pense. »[228]

---

[226] *Ibid.*, p. 39.
[227] *Ibid.*
[228] *Ibid.*

On a recours à la loi de vérité pour réaffirmer la valeur de la légitimité de normes et d'institutions politiques comme principe qui rend possible la substitution de la légitimité du vrai au totémisme des consensus législatifs dans les processus de signification instituée. Il s'agit donc d'une construction intersubjective de l'objectivité des choses du monde aussi bien que des actions qu'on doit reconnaître avoir à y faire. On peut voir qu'à travers cette loi, on réussit à réaffirmer l'autonomie et l'autodétermination de ceux qui prétendent à une reconnaissance réciproque dans l'ordre institutionnel, et qu'elle restitue à l'individu la capacité de juger de l'objectivité et de la vérité des choses aussi bien que des actions et des désirs.

La loi de vérité développée par J. Poulain se fonde, on l'a vu, sur quatre principes fondamentaux : les principes d'objectivation, de réception, d'autoidentification et de compréhension mutuelle ou accord transcendant. L'objectivation fait référence à la vérité des propositions pensées, en comprenant que, dès lors qu'une proposition est pensée, elle doit être pensée vraie pour pouvoir être pensée. La réception se rapporte au caractère qu'acquiert la proposition en étant entendue, c'est-à-dire que l'énonciateur exprime la proposition et que l'auditeur est celui qui pense que la proposition émise est vraie. L'autoidentification lie l'énonciateur à la réception de sa propre énonciation, comme auditeur de lui-même dans sa condition d'énonciateur : en ce principe, l'énonciateur n'est pas lié à la pensée de la proposition seulement par l'identification psychologique et mentale à elle : à partir du seul fait de penser l'énoncé et de le croire vrai, mais il reconnaît l'énoncé comme aussi vrai qu'il a dû être pensé vrai pour pouvoir être pensé, ou aussi faux qu'il a dû être pensé vrai, puisque, pour le reconnaître, il doit activer un jugement de réalité sur une réalité différente de celle de la proposition, sans activer cette vérité. Maintenant, s'il reconnaît l'énoncé comme faux, il reconnaît que sa vérité est contraire au fait même de le penser ou de le dire.

De cette manière, selon J. Poulain, en reconnaissant la réalité et l'irréalité de ce dont on parle, se produit une relation avec le réel, puisqu'il doit admettre que la réalité n'est pas effectivement ce qu'il pense d'elle, et qu'il ne peut pas distinguer le réel de ce dont on l'imagine : il doit reconnaître qu'il se trouve prisonnier de l'imaginaire des sens qu'il projette. « S'il peut seulement penser et reconnaître la fausseté de p, c'est un non-sens que le fait de continuer à y penser et à le continuer ainsi à l'affirmer. C'est ainsi que l'identification logique du locuteur avec ce qu'il dit se distingue de son identification psychologique. »[229]

Le principe de la compréhension mutuelle, ou compréhension logique, établit pour l'énonciateur ou l'auditeur l'impossibilité de penser la proposition comme différente d'elle- même : autrement dit, il est impossible que l'individu pense la proposition qu'il pense ou énonce sans la penser identique à elle-même, « c'est-à-dire, aussi vraie qu'il a dû la penser vraie pour pouvoir la penser, ou sans la penser aussi fausse qu'il a dû la penser vraie pour pouvoir la penser et la comprendre. »[230]

La reconnaissance réciproque obtenue à partir des critères de la loi de vérité est acquise par le caractère de vérité qui est conféré à ce qui est pensé lorsqu'il est pensé, et il faut que cela soit pensé vrai pour pouvoir être pensé et dit. De telle sorte qu'à l'instant auquel on pense reconnaître quelque chose, cela a à être pensé comme vrai ; mais ce qui est ainsi pensé a à être aussi réel que vrai pour que cela soit pensé et reconnu comme réalité objective.

Ceux qui soutiennent les institutions à simple titre de décideurs ont eu à penser comme vrai que ces institutions ne sont pas au service de tous ou qu'elles représentent les intérêts de tous pour pouvoir les instituer. En fait, ils ont eu à penser vrai que tous ne se reconnaîtraient pas dans ces institutions. La même chose se passe du côté de ceux qui restent soumis aux normes et à l'ordre institutionnel et ne se reconnaissent plus en elles. Si tel est le cas, comme Poulain le postule, « c'est uniquement en respectant cette loi qu'on peut obtenir une juste répartition de la vérité et rétablir les relations de justice là où elles doivent l'être : dans les relations de distribution de la pensée qui règlent le bonheur social de rétribution de la vérité qu'on y recherche. »[231]

---

229 *Ibid.*, p. 41.

230 *Ibid.*

231 Poulain Jacques. *La apuesta por la verdad. Crítica de la razón pragmática.* (W. González, Ed., & W. González, Trad.) Cali, Extremo Occidente, 2003, p. 188.

De la même façon, à partir de la loi de vérité, on récupère la valeur de la reconnaissance réciproque entre les individus et entre ceux-ci et les institutions, non en se basant sur des critères d'égalité, mais sur des critères de différence, (1) en reconnaissant l'objectivité de leurs jugements et de la valeur qu'ils ont face à la reconnaissance des institutions et des normes qui traitent des sujets communs, et (2) en reconnaissant que le consensus lié à des normes et des institutions cherche à faire d'elles l'unique possibilité d'expérimentation du monde et de ses contenus avec la pensée des individus.

De telle sorte que, dès lors que la loi de vérité opère comme principe fondamental de la légitimation et qu'elle accomplit la fonction de « courroie de transmission » entre les désirs et les intérêts qui fondent la faculté instituante de l'individu et l'exercice de sa liberté, on obtient la réaffirmation de l'autonomie individuelle comme exercice du pouvoir instituant dans l'ordre des significations sociales et des institutions qui cherchent à être instituées. Ainsi, « l'identité démocratique ne peut-elle pas être acquise et reconnue avec les autres telle quelle, une fois pour toutes, sans juger comme vrai le fait de partager une forme de vie, puisque, après tout, c'est cela qui essaie de se produire rn toute communication. »[232]

Comment sortir du problème qui surgit du positivisme institutionnel, quand le critère de légitimité institutionnelle et normative est conditionné par un concept de légitimité circulaire positiviste qui se fonde dans la légalité des procédés législatifs et non dans la faculté de jugement instituant comme base de la validité ? Grâce à l'exercice de la faculté de jugement l'individu peut résoudre l'aporie légaliste dans laquelle se trouve la légitimité normative des institutions : c'est la faculté qui existe pour réfléchir autour des institutions et des états de choses institués conventionnellement, qui ouvre toute possibilité pour reformuler l'institué et pour reconnaître l'objectivité qui cherche à s'imposer à travers des discours institutionnels et des normes juridiques. Il faut donc oser penser par soi-même son jugement pour quitter sa propre minorité juridique et pour devenir aussi majeur politiquement que Kant nous incitait à l'être.

---

[232] *Ibid.*

En ce sens, la loi de vérité apparaît comme un principe de légitimation qui se substitue à la légalité dans sa fonction de légitimité au sein du monde du positivisme politique et juridique, à mesure que sa reconnaissance de principe peut intégrer les partenaires sociaux dans une dynamique de construction et de reconnaissance d'un espace objectif, dans lequel la vérité d'énoncés et de propositions dépend du jugement critique des partenaires sociaux. Ainsi, la loi de vérité se présente-t-elle comme l'expression la plus autonome possible de l'instituant primaire qu'est chacun pour résoudre les situations antinomiques et contradictoires du monde social que les normes juridiques ne peuvent pas amener à résolution, en intégrant dans le monde social des maximes ou des règles de comportement reconnues et acceptées par les partenaires sociaux.

La loi de vérité présente, comme principe de légitimation, le jugement critique du partenaire social sur une situation factuelle ou discursive qui s'étend sur l'ensemble des individus et qui les amène à reconnaître dans un jugement commun les standards d'évaluation d'une action concrète. Dans ce mouvement se lie la puissance du jugement des partenaires sociaux avec l'objectivation commune du monde social.

De sorte que ce qui résulte de ce principe est l'acceptation de suivre celui-ci comme règle de comportement dans la relation sociale. Cette règle, qui est la loi de vérité, est appréciée et évaluée comme telle quand les partenaires sociaux reconnaissent la réalité de la fausse objectivation qui est présente dans les discours institutionnels ou dans les normes juridiques. Ce principe est reconnu comme règle de comportement, bien qu'il ne soit pas déterminé comme un principe légiféré, chaque fois que les partenaires sociaux déjouent les pièges d'objectivation de la vérité contenus dans les discours pragmatiques et décident d'objectiver le monde décrit ou le monde d'actions dans ces discours au moyen d'un jugement en commun.

Dans le système de légitimation positiviste circulaire, une norme ou une institution politique est légitime parce qu'elle a été instituée par ordre d'une autre norme légale, mais si l'on considère la loi de vérité comme principe de légitimation, le noyau de la validité des normes et des institutions politiques est dans le jugement des partenaires sociaux qui, après avoir jugé l'objectivité de la règle ou du standard, l'acceptent comme la justification objective du comportement assumé dans une situation particulière, dans un contexte social.

En reconnaissant la loi de vérité comme principe de légitimation, on reconnaît une maxime ou un standard du processus de légitimation abstraction faite d'une théorie de l'énonciation qui privilégie les effets magiques de l'acte de parole et ignore le caractère inaliénable des jugements objectivants des partenaires sociaux, qui sont dans une véritable théorie transcendantale de l'énonciation. La réflexion de vérité accompagne la parole, qui est pensée pour l'individu, sans avoir à s'objectiver auto-référentiellement à travers la proposition qui lui arrive. Mais l'énonciation adressée à quelqu'un exhibe nécessairement le mouvement de reconnaissance ontologique de soi dans la présupposition transcendantale de la vérité qu'est ce jugement et qui soutient indirectement l'être inhérent à toute énonciation à soi-même, au monde et à l'autre.

La vérité de la proposition principale est consolidée et reconnue aussi vraie qu'on a dû la présupposer l'être pour que l'énonciateur puisse s'objectiver lui-même et objectiver de la même façon son interlocuteur. Ainsi, l'objectivité de l'état décrit des choses, de l'action promise ou de l'action ordonnée, résulte indissociablement de l'objectivité du jugement au moyen duquel il l'énonce, au moyen duquel il s'identifie et identifie son interlocuteur avec ce qui est jugé.[233] Poulain réussit ainsi à montrer que les théories des actes de parole obstruent le jugement de vérité intersubjectif après avoir dissocié la vérité de l'énoncé de celle de l'acte de la parole lorsqu'ils font abstraction de toute vérité pour n'en retenir que le succès ou l'échec. La loi de vérité comme principe a l'avantage de pouvoir expliquer que les normes juridiques et les institutions passent par un processus de reconnaissance collective à travers des standards d'objectivation qui sont les résultats de l'exercice d'un jugement de vérité auquel se soumet toute énonciation. Cet avantage est obtenu parce que le principe n'a pas le caractère de norme juridique proprement dite, et découle de la reconnaissance commune de pratiques

---

233 Poulain Jacques. *El juicio de verdad en los actos de habla*, Cali, (trad. William González), Extremo Occidente, 2003.

sociales dans lesquelles sont définis des formes ou des standards capables d'orienter des décisions sur le monde social.

Cela signifie que la reconnaissance commune comme standard d'orientation de décisions ne passe pas par la validité de l'ordre normatif légiféré, mais prend source dans les capacités des partenaires sociaux à reconnaître la vérité de leurs jugements et la vérité des jugements de leurs interlocuteurs, ainsi que dans leur capacité à juger en commun des nécessités, des actions, des intérêts et des désirs communs. Les partenaires sociaux doivent objectiver le monde social et se reconnaître dans la vérité unique qu'ils peuvent identifier quand ils mettent leurs propres jugements en relation. Ainsi, la validité du principe dépasse-t-elle les limites que la légalité détermine pour la création de standards de comportement.

De cette façon, la relation légale entre principe, loi et légitimité est dépassée par la relation entre faculté de jugement, objectivation et reconnaissance, qui est inhérente au principe de la loi de vérité et qui fonde la légitimité des normes et des institutions politiques. Cette relation ne peut pas se comprendre comme un pacte ou un accord dans lequel les individus renoncent mutuellement à quelque chose pour instituer une orientation particulière de leurs vies dans le monde social, mais il se constitue dans la construction objectivée du monde dans lequel ils partagent des nécessités, des intérêts et des désirs. Les acteurs sociaux reconnaissent que les rapports du monde social passent par les instances réfléchissantes des partenaires, comme un filtre qui identifie et retient les intentions pragmatiques de construire une réalité au sein de laquelle on puisse placer l'individu dans sa relation avec les autres. Par conséquent, l'équation « pouvoir politique, légalité et légitimité » ne fonctionne pas comme les principes d'application de la loi de vérité, parce qu'en ce principe le pouvoir politique et la légalité ne précèdent pas le jugement des partenaires sociaux, et parce que, bien au contraire, ils sont une conséquence du jugement instituant.

Alors, la faculté de jugement des individus dirigée à propos de l'institué facilite la matérialisation du pouvoir instituant pour modifier ou reformuler ce qui a été normativement établi sous le consensus législatif. La loi de vérité comme principe de la légitimation des institutions et des normes fonde le pouvoir instituant des partenaires sociaux et, en conséquence, permet que les institutions et les normes soient reconnues à travers un processus intersubjectif dans lequel on reconnaît que les normes et les institutions ne s'objectivent pas elles-mêmes, et que leur contenu de vérité n'est possible que dans la mesure où les partenaires sociaux objectivent les propositions normatives qui déterminent des ordres et créent des institutions. De cette façon seulement, les individus peuvent se reconnaître dans le contenu des normes et des institutions politiques.

La loi de vérité soumet les normes au débat interne des individus, en partant d'une base de reconnaissance qui apparaît quand l'individu reconnaît comme vrai ce qu'il dit au moment où il le dit, en rendant possible que l'individu se reconnaisse dans ce qu'il dit et s'identifie à lui-même, à ses désirs, à ses jugements sur l'état des choses et leur objectivité, en reconnaissant comme vrai ce qu'il veut faire, et ce qu'il désire.

Selon Poulain, la parole et la pensée se trouvant soumis à la logique du jugement de vérité, ne peuvent pas être dissociées l'une de l'autre comme cela est prétendu dans la théorie des actes de parole, là où le transcendantal ne s'exprime que par les effets qui se produisent quand un verbe est proféré. Au contraire, une parole et une pensée ou une parole et une réflexion sont étroitement liées par l'énonciateur, sujet transcendant « qui juge être d'accord avec le prédicat illocutoire qu'il rend, puisqu'il juge être ce que ce prédicat désigne et objective de lui, de la même manière que quand il pense être cela, il pense être d'accord avec lui-même, puisqu'il est toujours "un être de vérité". »[234]

Par conséquent, le transcendantal de l'acte de parole ne réside pas en ses effets mais en l'affirmation transcendantale qui soutient tout acte illocutoire, c'est-à-dire le fait que l'énonciateur est un sujet transcendant qui juge l'énoncé et reconnaît sa réalité ou son irréalité en jugeant s'il est d'accord avec le prédicat illocutoire. L'accord transcendantal avec soi part du fait que pour penser et pour se communiquer à soi-même une proposition, il faut qu'elle soit pensée vraie, et de la même manière, pour communiquer la même proposition à l'auditeur, il faut la penser vraie. Cette affirmation se traduit par deux mouvements réunis

---

[234] *Ibid.*, p. 43-46.

dans le jugement : 1. le mouvement de penser vraie la proposition pensée et communiquée et, 2. Le mouvement de faire penser la proposition vraie à l'auditeur.[235]

Ainsi, l'objectivation commune qui se produit au moment où les partenaires sociaux parlent, rétablit-elle la justice dans l'usage du jugement, tant qu'ils constituent la première instance de l'accord commun autour des sujets du monde qu'ils partagent. En ce sens, les partenaires sociaux objectivent la proposition qui leur est présentée, comme résultat du processus de communication ; cela fait qu'ils s'identifient à la pensée produite à partir de cette proposition et qu'ils s'identifient aussi à l'effet de vérité de la proposition. Par conséquent, produire l'acte de communiquer, c'est objectiver la communication mutuelle des interlocuteurs de la proposition communiquée[236], selon le principe qui présume que les participants reconnaissent comme identique cette proposition, de la même manière qu'ils reconnaissent que la proposition a la même force de vérité, d'objectivation et la valeur de vérité qu'on lui reconnaît dans l'expression de l'énonciation.[237]

L'accord transcendantal est ce qui constitue objectivement la réalité et l'objectivité de tout acte de communication. Il objective dans un même temps l'énonciateur et l'auditeur, qui ainsi, deviennent juges de la vérité de ce qu'ils sont eux-mêmes.[238] L'exercice de la faculté de jugement soumis à la loi de vérité permet donc : (1). de connaître les choses dans les formes distinctes sous lesquelles elles sont présentées devant nos sens, (2). de juger les choses dans leur vrai sens. La vérité est immédiatement évaluée comme telle dans l'exercice du jugement critique et non dans la présentation des choses. Prenons par exemple un bâton introduit dans un verre d'eau : en le voyant, on peut assurer qu'il est cassé et qu'il ne conserve pas sa condition initiale ; par conséquent on pourrait penser que le fait d'introduire le bâton dans l'eau change la forme du bâton, mais si le phénomène est jugé, on conclut que le bâton se maintient

---

235 *Ibid.*, p. 44.
236 *Ibid.*
237 *Ibid.*, p. 45.
238 *Ibid.*, p. 48-49.

droit malgré ce que l'on en voit. Il en va de même avec les discours pragmatiques : à première vue, ils se présentent à nous comme vrais et objectivant les actes de paroles comme des choses, comme quand nous voyons le bâton cassé dans le verre d'eau ; et, s'ils ne sont pas jugés, ils resteront aussi vrais et objectifs que le bâton cassé dans le verre d'eau. Ce n'est pas ici un problème des sens, c'est un problème de limitation de l'exercice de la faculté de jugement, puisque ne sont admis comme objectifs et vrais que les événements qui se montrent à nous à travers des discours pragmatiques. À première vue, les phénomènes se présentent à nous avec une réalité limitée par la forme sous laquelle ils se présentent, mais quand ils passent par le filtre du jugement, le dialogue avec nous-mêmes qu'est la pensée réfléchissante permet d'identifier des formes certaines et réelles des événements du monde ainsi que celles des actions et des désirs.

La capacité stéréognosique du discours pragmatique d'objectiver la réalité sans nécessité de la voir, d'identifier et de décrire la réalité à travers le discours sans aller directement à la réalité, fait que toutes les choses du monde arrivent à l'individu au moyen du discours, sans qu'il ait à aller jusqu'au dialogue avec lui-même et avec autrui pour voir que la réalité qu'il expérimente est bien la réalité que le discours même présente. Ainsi, l'expérimentation de l'individu avec le monde est-elle obtenue à travers le discours. Le problème consiste en ce que cette expérimentation totale du monde par le langage empêche que les discours institutionnels puissent être jugés par l'individu et que l'on profite de cela pour que les partenaires sociaux ne jugent pas de ce qui leur est présenté dans les discours : pour qu'il soit accepté par eux que leur contenu est d'avance aussi certain, objectif et vrai qu'il est vrai qu'il s'affirme comme tel.

L'expérimentation totale dans le langage garantit le consensus avec autrui, parce que chacun des partenaires sociaux réalise la même expérimentation du monde, celle-ci étant réalisée dans le discours : la seule chose que les individus cherchent dans leur dialogue avec autrui, c'est de confirmer l'expérience qu'ils vivent dans le discours. Cependant, cet accord anticipé avec autrui et imposé à lui est le symptôme d'une maladie du jugement qui conduit à l'autisme politique, dont la conséquence se reflète aux niveaux élevés d'abstention dans les processus d'élection et de participation politique dans certains pays d'Amérique du Sud.

C'est l'argument présenté dans *L'Âge Pragmatique ou l'expérimentation totale*, où il est démontré que le capitalisme essaie de rationaliser l'individu et les groupes de la même façon qu'on essaie de rationaliser l'univers. L'idée pragmatique obnubile cette rationalisation à la façon de l'expérimentation scientifique : elle possède ces expérimentateurs à tel point que les individus interrogés par le consensus pour qu'ils le valident, n'expérimentent leurs vies que dans le discours, et non dans la réalité du monde.

Les rêves illocutoires mobilisés par l'expérimentation pragmatique de la sagesse inhérente aux institutions, semblent avoir neutralisé la faculté de juger au plus profond d'elle-même : dans l'exercice même du jugement et de la réflexion. « Mais ils ne gangrènent que l'image que la réflexion se fait d'elle-même. Cependant, la maladie de la réflexion qu'ils induisent laisse intacte la puissance qu'a le jugement d'énonciation pour engendrer les expériences elles-mêmes, les expériences auxquelles cette réflexion se confronte. »[239] Le discours politico-pragmatique fonctionne comme l'effet d'optique du bâton dans un verre d'eau, en déterminant la forme par laquelle les partenaires sociaux doivent observer le monde, en donnant le contenu des discours, en évitant qu'ils passent par le filtre du jugement, pour maintenir occulte la réalité des événements du monde.

Quand une proposition est utilisée dans ce mouvement réfléchissant qu'est le dialogue avec soi-même dans le double rôle de locuteur et allocutaire, sa vérité devient nécessairement virtuelle et l'individu la reconnaît après l'avoir jugée être effectivement aussi vraie ou fausse qu'il a fallu la penser vraie pour pouvoir la penser.[240]

Poulain assure ainsi que l'identification de l'énonciateur avec le fait de penser la proposition et la penser vraie n'est pas une

---

[239] Poulain Jacques. *De l'homme. Éléments d'anthropobiologie philosophique du langage*, Paris, Cerf, 2001, p. 30-31.

[240] Poulain Jacques. *El juicio de verdad en los actos de habla*, Cali, (trad. William González), Extremo Occidente, 2003, p. 36.

identification simplement psychologique et mentale avec la pensée de la proposition. C'est quelque chose qui va plus loin, car l'énonciateur a à reconnaître que sa proposition est aussi vraie qu'il l'a pensée vraie pour pouvoir la penser, ou reconnaître que la proposition est aussi fausse qu'il a dû penser vraie la propre fausseté de la proposition, « puisqu'il ne pourrait la reconnaître comme telle sans activer ce jugement de réalité différent de celui de la proposition, sans activer cette vérité. Et s'il reconnaît la proposition comme fausse, il reconnaît nécessairement que sa vérité est contradictoire avec le fait même de la penser ou de la dire. »[241]

Dans les deux cas, Poulain nous dit que l'individu doit nécessairement reconnaître la vérité de la proposition ou la vérité de la fausseté de la proposition, puisque c'est de cette façon qu'il « sort » du langage et que se produit la relation avec le réel, aussi réel que l'individu le reconnaît, ou, en sens contraire, qu'il est obligé de reconnaître l'irréalité de la proposition.

Celui qui s'adonne à la dénégation de la loi de vérité ou de la faculté de juger, dérange sa vie psychique. Ses intentions illocutoires n'accomplissent pas leur fonction d'orientation en introduisant un hiatus tant dans son système mental par rapport à lui-même que par rapport à autrui. « Si nous voulons échapper à ce genre de pathologies héritées de la modernité, il existe deux tâche que les individus doivent se donner et accomplir au travers de la communication : 1. Se reconnaître ou non dans les normes d'actions qu'ils reconnaissent avoir inconsciemment suivies jusqu'ici. (L'existence d'institutions nécessaires à la vie sociale de l'homme est la preuve la plus évidente d'un consensus déjà réalisé). 2. Corriger cette reconnaissance en adoptant les règles et les normes qui produisent une harmonie sociale réelle. »[242]

La vérité des propositions se fonde donc dans l'exercice de la communication sur les trois théorèmes transcendantaux conformément à J. Poulain : 1. Théorème de réception. Celui-ci dérive du premier principe transcendant qu'est le principe

---

[241] *Ibid.*, p. 41.

[242] Poulain Jacques. *La apuesta por la verdad. Crítica de la razón pragmática*, (W. González, Ed., & W. González, Trad.) Cali, Extremo Occidente, 2003, p. 55-56.

d'objectivation, selon lequel on ne peut pas penser une proposition sans la penser vraie. De plus, une proposition ne peut être objectivée avec l'aide d'une expression prédicative ou relationnelle qu'en étant pensée et affirmée vraie (principe d'objectivation) ; 2. Théorème de réflexion. Ce théorème établit que pour tout allocutaire de lui-même qu'est tout énonciateur, celui-ci ne peut pas penser sa proposition et la vérité de celle-ci sans penser cette proposition comme identique à elle-même : aussi vraie qu'elle est pensée vraie, ou comme non identique à elle-même ou aussi fausse qu'elle est pensée vraie. L'allocutaire ne peut comprendre la proposition objectivée par l'énonciateur qu'en la comprenant être aussi vraie qu'elle a dû être affirmée l'être pour lui ; et 3. Théorème de compréhension mutuelle. Ce théorème conditionne la compréhension mutuelle par la reconnaissance de la vérité de la proposition énoncée. Il est établi qu'il est contradictoire d'attribuer au sujet d'une proposition un prédicat qui se reconnaît faux de lui-même.[243]

L'énonciateur et son allocutaires objectivent la proposition depuis l'instant même dans lequel ils objectivent l'état des choses dont ils parlent, de telle manière que l'existence de la proposition se fonde sur la présupposition de l'identité propositionnelle et dans l'identité de sa valeur de vérité pendant le processus de communication, comme quand il est affirmé que l'herbe est verte dans l'énonciation de « l'herbe est verte ».[244]

« Le consensus cherché n'est possible qu'à travers trois identifications successives : 1. Que le locuteur se reconnaisse logiquement dans ce qu'il dit. 2. Que l'allocutaire s'identifie logiquement à ce qui lui est dit. 3. Que les deux s'identifient dans ce qui est affirmé en commun comme étant une vérité nécessaire et commune. » Ce n'est qu'ainsi que les locuteurs et allocutaires peuvent se juger comme interlocuteurs de dialogue et se reconnaître ou non dans un jugement commun. De cette façon, l'action communicative échappe à l'exercice du reflet que l'on a voulu rendre d'elle en la rendant purement et simplement

---

[243] Poulain Jacques. *La Loi de vérité ou la logique philosophique du jugement.* Paris, Albin Michel, 1993, p. 60-61.

[244] Poulain Jacques. *El juicio de verdad en los actos de habla.* Cali, (trad. William González), Extremo Occidente, 2003, p. 46.

transparente, en cherchant à régler la vie de l'homme de la même manière que fonctionne celle de l'animal, c'est-à-dire comme un mécanisme de stimulation – réaction - action consommatoire préétabli.[245]

La communication trouve son fondement dans le principe d'identité communicative de la proposition qui s'identifie quand l'énonciateur comme acteur social reconnaît que l'identité propositionnelle est aussi réelle qu'elle est présupposée l'être. Quand l'énonciateur utilise une proposition, on présuppose qu'il réussit à faire en sorte que l'auditeur pense la même proposition qu'il pense lui communiquer et depuis le moment où il la lui communique. La tentative d'obtenir une seule et même chose ou un unique état de choses pour beaucoup d'interlocuteurs en utilisant le même énoncé est ce qui se produit dans une communication.

Selon Poulain, « la loi de vérité règle la constitution des sujets, les actes de parole, l'identification des sujets avec leurs paroles, de la même manière qu'est réglé la constitution transcendante des référents. "Je vous promets d'installer mes missiles Patriotes sur votre territoire" veut dire : il est aussi vrai que j'installerai mes missiles Patriotes sur votre territoire, qu'il est vrai qu'il faut les installer et que je vous dis la vérité quand je vous dis que je les installerai. »[246]

La pensée comprise comme un dialogue avec soi-même qui se développe dans une communication où le rôle d'énonciateur et d'allocutaire est assumé dans le même espace, constitue le premier moment du débat critique dans lequel il faudra parvenir à un accord ou à un désaccord avec soi-même à propos de ce que l'on prétend objectiver des choses du monde. Cela implique que l'accord ou le désaccord par lequel on passe est en principe un accord de vérité avec soi-même.

La réflexion et la parole appartiennent à la même dynamique et ils ne se déroulent pas comme des processus séparés. De ce

---

[245] Poulain Jacques, *La apuesta por la verdad. Crítica de la razón pragmática* (W. González, Ed., & W. González, Trad.), Cali, Extremo Occidente, 2003, p. 53-54.

[246] Poulain Jacques. *El juicio de verdad en los actos de habla.* Cali, (trad. William González), Extremo Occidente, 2003, p. 48.

fait, pour J. Poulain, la réflexion de vérité de la proposition accompagne la pensée de l'énonciation sans avoir à l'objectiver comme mouvement séparé quand la proposition est vraie. Quand l'individu énonce quelque chose à l'autre, « il montre le mouvement de reconnaissance ontologique de soi dans cette proposition transcendante de la vérité qu'est ce jugement et en même temps, il soutient la relation indirecte de vérité à lui-même, au monde et aux autres qui est inhérente à toute énonciation. »[247]

Bien que l'on ne puisse pas dépouiller l'individu contemporain de sa faculté à mener un dialogue avec lui-même et avec autrui, à confronter le monde du discours avec le monde réel, à désirer ses propres désirs et à être expérimenté en dehors des discours, la mondialisation s'est engagée dans ce projet fou de ne faire réfléchir son expérimentation que par ses effets. En isolant l'homme de la réalité unique qu'il peut expérimenter, le capitalisme avancé a transformé le monde de la réalité, le monde de la politique, du droit et des institutions, en en faisant le pire des événements traumatiques que l'homme puisse vivre, en produisant un autisme politique dans lequel les partenaires sociaux sont submergés par une pléonexie économique : ils sont ainsi rendus incapables de penser à la vérité de leurs énoncés et de leurs actions.

D'un autre côté, le discours des Droits de l'homme fait croire à l'homme qu'il est en condition de juger tout ce qui lui arrive, en lui reconnaissant une liberté nominale déjà conditionnée par le monde des corporations et de la mondialisation pour garantir que le discours humain n'est plus que *doxa.* Ainsi isole-t-il le dialogue social entre l'énonciateur et l'allocutaire du dialogue interne à la pensée de chacun, bien que ce soit le même homme qui pense et réfléchit tout discours qui lui parvient : c'est ainsi qu'il déconnecte le discours public de ce qu'il appelle le « monde privé ».

La loi de vérité est légitime en elle-même parce qu'elle lie l'homme à la construction et à la réalisation du monde, elle le libère des croyances qui mettent en doute son existence réelle, elle le définit comme l'acteur politique capable d'instituer ses normes, en faisant qu'il se reconnaisse comme juge de la réalité

[247] *Ibid.*

sociale et comme ultime filtre de vérité des relations réfléchies entre les institutions et les individus. Finalement la soumission à cette loi est ce qui nous guérit toujours déjà de l'autisme politique dans lequel sont submergées les sociétés dites « démocratiques » à l'âge de la mondialisation de la-dite « raison économique » .

CONCLUSION

La recherche d'une société de sujets autonomes devient impossible[248] quand la faculté individuelle de juger le monde reste soumise aux orientations juridiquement rationalisées qui finissent par creuser la dignité humaine[249] en rendant impossible d'instaurer une démocratie du jugement. En définitive, substituer le consensus juridique pré-jugé à ce qui doit être jugé grâce à l'usage de notre faculté de juger réifie la condition humaine et détruit la condition de l'animal humain au point de le réduire à un appareil instinctif obligé de répondre mécaniquement aux « propriétés magiques » du langage.[250] Si l'usage de la parole est reconnu aux partenaires sociaux dans la démocratie représentative, ceux-ci peuvent avoir recours à la parole même quand leurs jugements ne font que reproduire les raisons prédéterminées par les discours institutionnels qui fonctionnent d'avance comme matrices productrices de pensée.

À l'âge de la démocratie du capitalisme privé, tout a un prix. Comme dans le Léviathan hobbesien où la protection du souverain compense la perte de la liberté absolue des individus, dans le modèle démocratique capitaliste, les droits humains et la liberté compensent la perte de la liberté absolue du jugement. Mais démocratie et droits humains y remplissent pourtant de la même façon, une fonction instrumentale en faveur du capitalisme privé, parce qu'ils fonctionnent comme les appareils de

---

[248] Castoriadis Cornelius. *La crisis del capitalismo: su impacto social e individual.* Récupéré novembre 8 2015 de www.omegalfa.es: file:///C:/Users/Usuario5/Downloads/la-crisis-del-capitalismo. pdf, 1996.

[249] González William, La institución instituyente frente al ascenso de lo insignificante, in J. A. Gómez (Ed.), *Estudios de derecho constitucional contemporáneo*. Bogotá, Ibañez, 2016, p. 393.

[250] *Ibid.*

compensation obligatoires de la réalisation d'un jugement commun des sujets du monde social et politique immergés dans l'âge de la mondialisation. Elles sont loin de pouvoir servir d'ersatz à la production de ce jugement commun face aux préjugements du marché mondial, qui s'imposent sans coup férir, comme paris mercantiles des ploutocrates .

La disparition de la liberté absolue de juger suppose qu'on substitue à l'usage de celle-ci la révérence à l'égard des éléments de langage de la justice et à l'égard des éléments de langage propres à mettre à disposition l'usage des paroles et l'évaluation des situations du monde en fonction de ces éléments de langage. En fait, la substitution de la justice et des Cours constitutionnelles à l'exercice de la liberté de jugement des partenaires sociaux garantit aux sociétés actuelles leur capacité d'absorber des nouvelles catégories universelles qui favorisent l'impact de plus en plus envahissant du capitalisme néo-libéral, intéressé davantage par l'ascension de l'insignifiant que par la reconnaissance des libertés et des valeurs préférées par les individus.

Par conséquent, la liberté du jugement critique doit être liée au processus de subjectivation de l'individu pour que celui-ci puisse se construire lui-même à partir de sa propre liberté et de sa propre gouvernance, comme un agent qui s'est auto-élaboré à partir d'actes qui sont là à ses yeux pour être effectués,[251] et non à partir d'actes qui sont d'avance constitués comme des prêt-à-porter.

L'imposition du sens purement pragmatique propre aux discours institutionnels relatifs aux actions des organismes publics constitue le facteur générateur le plus influent de la crise actuelle de légitimité institutionnelle. Il s'avère en même temps être un facteur générateur de violence, parce qu'il dérobe aux citoyens l'exercice de leur faculté d'objectiver le monde institutionnel des organismes publics et de juger de la vérité de leurs normes et de leurs valeurs.

Dépouiller l'individu de son jugement et de la parole constitue en effet le plus grave des actes de violence que l'on puisse commettre contre l'humanité si on le compare au génocide et aux

---

[251] Foucault Michel. *Dits et écrits* (Vol. IV). Paris, Gallimard, 1982, p. 275.

crimes de guerre, parce qu'il soustrait à l'être vivant qu'est l'être humain l'exercice des facultés qui font de lui un être humain et parce qu'ils en font une victime du behaviorisme discursif qui consolide et fortifie l'autisme politique tout en conditionnant la vie des partenaires sociaux et en obligeant celle-ci à demeurer muette.

Pour éviter ce silence imposé, les hommes sans paroles, mais qui se reconnaissent encore et toujours dans leurs jugements, font partie des communautés qui sont exclues comme minorités du monde social et politique et ressentent la nécessité qu'un ordre politique et institutionnel les reconnaisse pour ce qu'ils sont : comme acteurs de leur jugement de vérité. Ils se jettent dans la confrontation directe contre tout ce qui est légalement institué, soit par voie de fait, avec le recours aux armes, soit par la mobilisation sociale. Mais parce que les discours pragmatiques qui jugent d'avance la vérité de leurs contenus leurs sont imposés, la substitution de leur parole et de leur jugement aux dictats juridique n'engendre que les malheurs visibles dans toutes les sociétés en développement : l'inégalité, l'iniquité, l'exclusion, la marginalisation des protestataires et la misère sociale. L'institution politique, celle qui a le pouvoir de faire violence à la violence, y devient elle-même l'agent le plus violent qui soit en se convertissant en une annihilation programmée de tout critique possible.

Les problèmes de la légitimité des institutions et des normes résultent ainsi de la manière dont la vérité est instaurée dans des discours institutionnels remettant en question la portée du jugement instituant des partenaires sociaux et leur justification impose des raisons transcendantes aux problèmes en cours en les déconnectant complètement d'un jugement social opérant. La crise de légitimité n'est pas provoquée d'abord par les problèmes institutionnels qui se produisent à l'intérieur des organismes eux-mêmes : cette crise se produit quand les partenaires sociaux ne se reconnaissent pas dans les institutions politiques au moment où ils doivent accepter la vérité et l'objectivation du monde qui sont faites à travers des discours pragmatiques prêt-à-porter.

La possibilité de garantir la démocratie participative au moyen d'actions de surveillance sur les organismes publics y est donc diluée, et l'homme démocratique finit par être une fois pour toutes réifié et aliéné. Ainsi, l'homme se voit-il refuser toute possibilité d'intervenir dans les institutions publiques et demeure-t-il soumis aux politiques d'un État contrôlé par l'économie des entreprises.

Mais la loi de vérité continue à être opératoire et présente à la pensée de ceux qui sont conscients de cette crise et qui l'affrontent. Car elle s'y reconnaît comme un principe qui gouverne déjà le jugement des individus dans tout contexte politique. A ce titre, il lui reste à s'instaurer et à se renforcer comme ce qui constitue en même temps déjà le principe de tout processus de légitimité des institutions politiques et des normes dans la mesure où chaque chose qui arrive aux individus ou chaque action qui est à faire, peut être pensée, objectivée, jugée vraie en reconnaissant si le jugement approprié est aussi vrai ou aussi faux que le fait que ce jugement ait eu à être pensé vrai.

C'est en suivant nous-mêmes cette loi que nous avons pu identifier le fait que le monde créé par les discours pragmatiques n'est qu'un monde simulé tant que s'impose comme seul et unique monde le contexte d'un modèle démocratique répondant aux slogans du capitalisme privé. Car le respect de la loi de vérité permet de révéler l'incompatibilité de la notion même de démocratie avec une politique d'États contrôlée par la mondialisation et les maffias des multinationales.

La notion de démocratie contient en elle-même une incompatibilité qui rend le déséquilibre politique évident entre les propriétaires du capital corporatif et le peuple qui met sa foi dans le porteur du pouvoir souverain. La démocratie fonde sa validité sur les complexes imaginaires sociaux qui contiennent, d'une part, une haute charge de principes et de valeurs religieuses, et d'autre part, une haute charge de principes libéraux économiques qui justifient l'asymétrie d'un pouvoir politique contrôlé par les minorités oligarchiques et ploutocrates.

Le fait que la démocratie comme forme d'exercice du pouvoir politique fonctionne de manière contrôlée en Occident ne signifie pas qu'elle ait abandonné sa condition d'imaginaire social. Cette condition lui permet de se pourvoir de toutes les justifications pour rendre possible le projet émancipateur de la grande collectivité, pour maintenir précisément les partenaires sociaux sous l'imaginaire et sous le contrôle des majorités qui considèrent encore la démocratie comme le chemin vers le salut, vers le bonheur, vers la condition du bien-être.

Le néo-platonisme du IIIème siècle après J.C. contient le fondement de l'idée de l'individualisme sur laquelle se fonde la démocratie réelle, ou encore, en termes habermassiens, la démocratie libérale. Lorsqu'on réactive la conception néo-platonicienne, on abandonne l'idée éthérée de l'âme humaine pour la transformer en matière. On change alors complètement la perspective de la vie sociale et on caractérise l'homme comme le responsable unique de son salut, un salut individuellement obtenu, conditionné à l'exercice de certaines vertus morales et civiques : les vertus intellectuelles et la prière de dévotion mystique, par laquelle l'individu peut obtenir la liberté à l'égard du corps et l'union avec le Dieu.[252]

Dans cet ordre d'idées, la démocratie sauve l'homme et ses dieux. D'un côté, le salut de l'homme ne repose plus sur le pouvoir d'un tiers mais sur son propre pouvoir et il abandonne toute forme théologique ou religieuse sans abandonner les principes religieux qui la fondent. D'autre part, il assume le salut de Dieu devant toutes les remises en question des malheurs humains : il justifie les échecs sociaux en leur donnant pour unique responsable l'individu et son groupe, ce qui permet de reconnaître les facultés autonomes et l'autodétermination de l'individu qui le séparent complètement de Dieu. Autrement dit, la démocratie s'érige en théodicée de la politique, et le salut de l'homme par lui-même.

L'homme dépend donc à présent de lui-même pour assumer ses propres responsabilités, orienter par lui-même sa vie et définir la manière dont il résout les problèmes qui lui adviennent dans sa condition d'animal démuni. Résoudre ces problèmes implique un renoncement à l'exercice de l'autodétermination dans presque tous les ordres et l'oblige à transférer au dialogue avec les autres la possibilité de résoudre tous les problèmes qu'il doit constamment résoudre.

En ce sens, la démocratie ne développe qu'une notion de compensation qui devient le super-pouvoir qui émerge du

---

[252] Radhakrishnan & Raju P. *El concepto del hombre. Estudio de filosofía comparada.* México D.F, Fondo de cultura económica, 1964.

modèle économique capitaliste-libéral et de la mondialisation politico-corporative : elle compense l'absence d'accès aux droits des citoyens par les misères économiques, elle compense l'absence de participation politique par le contrôle de la vie publique et privée. La démocratie compense les inégalités sociales et économiques par son affirmation de la validité des libertés, des droits et des égalités politiques et juridiques à condition qu'ils ne deviennent que de simples mécanismes de défense des groupes et des individus aliénés.

L'idée du capitalisme libéral est de donner aux majorités quelques privilèges, comme la participation aux votes pour choisir des gouvernants, et l'octroi de la liberté individuelle, qui ne sont que des réaffirmations des différences et de l'inégalité[253], tandis que des minorités ploutocratique se réservent sereinement le contrôle du monde à partir de l'accroissement de leur capital économique. En fait, l'idée contemporaine de démocratie s'accommode de l'existence d'un modèle imposé par le capital corporatif, d'une démocratie imposée par les Cours suprêmes car elle sait très bien que les minorités ne pourront pas avoir le contrôle du monde, mais qu'elles n'ont d'accès qu'à une liberté, celle de participer au vote pour choisir leurs gouvernants et se soumettre à eux.[254]

Cependant, l'octroi de ce privilège ne garantit pas l'autonomie et l'autodétermination des majorités élues, car la définition des intérêts et des nécessités ne découle pas de l'exercice délibératif, des arguments et des raisons des individus capables de langage et d'action. Les nécessités et les intérêts sont définis dans d'autres scènes, dans les espaces où le consensus des meilleurs arguments ploutocratiques possibles se couvre d'une légitimité positive grâce aux institutions bureaucratiques qui définissent ce dont les individus ont besoin et n'ont pas besoin, ce qu'ils doivent et ne doivent pas réclamer de la part de leurs institutions. Les institutions politiques peuvent donc continuer sereinement à

---

253 Von Uexküll Jakob. *Cartas biológicas a una dama,* Santiago de Chile, Zig-zag, 1957.

254 Wolin Sheldon. *Democracia S.A. La democracia dirigida y el fantasma del totalitarismo invertido,* Buenos Aires, Katz. 2008, p. 259.

juger de la vie humaine de tous au nom de chacun en définissant d'avance leurs intérêts, leurs nécessités et leurs raisons.

Même si les institutions fonctionnent comme des organes externes aux êtres humains et remplissent des fonctions très précises pour les libérer de l'excès pulsionnel et de la surcharge d'avoir à résoudre à toute heure et partout les problèmes qui se présentent dans le monde social[255], il n'en n'est pas moins vrai qu'elles ne répondent pas de façon autonome à ces fonctions de décharger l'être humain de toutes ses tâches. Elles répondent plutôt aux orientations émanant d'un super-pouvoir, d'un pouvoir qui se trouve au-delà des institutions et des ordres étatiques, d'un pouvoir qui contrôle et définit la politique mondiale, un pouvoir qui s'est accaparé la fonction des institutions et des États, un pouvoir qui va au-delà de l'idée de souveraineté et d'autodétermination : le pouvoir corporatif du capital.

Contrairement à l'idée des Lumières que ce pouvoir se targue de respecter, où le seul pouvoir légitime était celui de la loi juridique, le jugement de vérité des partenaires sociaux sur les normes et les institutions politiques constitue le fondement de la légitimité de tous les ordres normatifs et politiques, et, par conséquent, de tout pouvoir qui devient loi. Cela permet de passer d'une démocratie de compensation capitaliste à une démocratie du jugement commun fondée sur la loi de vérité, en mettant fin à l'animisme juridique qui remplace indûment l'usage de la faculté de juger des êtres humains.

255 Gehlen Arnold. *El hombre. Sua naturaleza y su lugar en el mundo.* Salamanca, Sígueme, 1987.

Bibliographie

Alexy R. (2002). *Teoría de los derechos fundamentales*. (E. G. Valdés, Trad.) Madrid, Centro de estudios políticos y constitucionales.

Aristóteles. (1973). *Metafísica*, libro V, capítulo I. En Obras (T. d. Samaranch., Trad., págs. 903-1089). Madrid, Aguilar.

Austin, J. (1990). *Cómo hacer cosas con palabras.* Barcelona, Paidós.

Avritzer L & De Sousa Santos B. (2011). *Para ampliar el canon democrático.* Recuperado el 12 de febrero de 2016, de www.eurozine.com.:http://www.eurozine.com/articles/article_2003-11-03-santos-es.html

Badiou A. (1999). Dos ensayos de metapolítica. *Acontecimiento N°, 17*, 1–9. Récupré de www.grupoacontecimiento.com.ar

Bauman Z. (2002), El desafío ético de la globalización, dans *Pánico en la globalización,* Bogotá, Fica.

Berger P & Luckmann T. (1979). *La construcción social de la realidad.* Buenos Aires, Amorrortu Editores.

Bernal Pulido C. (2005). *El principio de proporcionalidad y los derechos fundamentales.* Madrid, Centro de estudios políticos y constitucionales.

Bobbio N. (1999). *Ni con Marx, ni contra Marx.* Barcelona, Fondo de cultura Económica de España.

Bolk L. (2007). *El hombre problema. Retardación y neotenia.* (W. González, Ed.) Cali, Universidad del Valle.

Bonnafous-Boucher M. (2004). *Un liberalismo sin libertad. Del término "liberalismo" en el pensamiento de Michel Foucault.* (W. González, Trad.) Cali, Extremo occidente.

Castoriadis C. (2005). *Figuras de lo pensable.* Buenos Aires, Fondo de Cultura Económica.

Castoriadis C. (1996). *El ascenso de la insignificancia.* Madrid, Frónesis cátedra.

Castoriadis C. (1996). *La crisis del capitalismo: su impacto social e individual.* Récupéré le 8 de noviembre de 2015 de file:///C:/Users/Usuario5/Downloads/la-crisis-del capitalismo.pdf

Castoriadis C. (1975). *L'institution imaginaire de la société.* Paris, Éd. du Seuil.
Cerroni U. (1995). La Democracia como estado de cultura. En P. Santana (Ed.), *Las Incertidumbres de la Democracia* (págs. 207-235). Bogotá, Foro Nacional por Colombia.
De Sousa Santos B. (2010). *Descolonizar el saber, reinventar el poder.* Montevideo, Trilce.
Dworkin R. (1999). *Los derechos en serio.* (M. Guastavino, Trad.) Barcelona, Ariel.
Giraldo F. (2002), *La globalización: integración psíquica al mercado, en Pánico en la globalización,* Bogotá: Fica.
Foucault M. (1994). *Dits et écrits* (Vol. IV). Paris, Gallimard.
Foucault M. (1982). *Dits et écrits* (Vol. IV). Paris, Gallimard.
Gehlen A. (1987). *El hombre. Su naturaleza y su lugar en el mundo.* Salamanca, Sígueme.
Gehlen A. (1993). *Antropología filosófica. Del encuentro y descubrimiento del hombre por sí mismo.* Barcelona, Paidós.
González W. (2007). De la neotenia a la filosofía. En L. Bolk, *El hombre problema. Retardación y neotenia.* Cali, Universidad del Valle.
González W. (2016). La institución instituyente frente al ascenso de lo insignificante. En J. A. Gómez (Ed.), *Estudios de derecho constitucional contemporáneo* (págs. 381-397). Bogotá, Ibañez.
Habermas J. (1988). *Raison et légitimité. Problèmes de légitimation dans le capitalisme avancé.* Paris, Payot.
Habermas J. (1988). *Pensamiento postmetafísico.* Madrid, Taurus Humanidades.
Habermas J. (1991). *Escritos sobre moralidad y eticidad.* Barcelona, Paidós.
Habermas J. (1997). *Droit et Démocratie.* Paris, Gallimard
Habermas J. (1998). *Teoría de la acción comunicativa.* Madrid, Taurus Humanidades.
Habermas J & Rawls J. (2000). *Debate sobre el liberalismo político.* Barcelona, Paidós.
Habermas J. (2008). *Facticidad y validez.* Madrid, Trotta.
Habermas J. (09 de noviembre de 2012). *Polis [En línea].* récupéré le 06 juillet 2015, de http://polis.revues.org/7473 ; DOI : 10.4000/polis.7473

Leibniz G. (2014). *Teodicea: Ensayos sobre la bondad de Dios, la libertad del hombre y el origen del mal.* Madrid, Biblioteca Nueva.
Lenoble J. (1994). *Droit et communication. La transformation du droit contemporain.* Paris, Les éditions du Cerf.
Llorente A. (29 de agosto de 2016). *www.bbc.mundo.com/mundo.* Récupéré le 29 août 2016, de http://www.bbc.com/mundo/noticias-36960389
Luhmann N. (2009). *El Derecho de la sociedad.* México D.F., Herder.
Marquard O. (2001). *Filosofía de la compensación.* Barcelona, España: Paidós.
Marquard O. (2007). *Las dificultades con la filosofía de la historia.* Valencia, Pre-textos.
Munárriz L. Á. (2009). La antropobiología de Gehlen. *Elementos para una Metapolítica para la Civilización Europea* (20), 3-12.
Nietzsche F. (1994). *Genealogía de la moral.* Madrid, Alianza Ed.
Nuria C & Palacios Esteban, J. (2011). Reflexiones sobre la legitimidad ética del estado de derecho. *Revista De Fomento Social,* 263.
Piketty T. (2013). *Le capital au XXIe siècle.* Paris, Ed. du seuil.
Poulain J. (1991). *L'âge pragmatique ou l'expérimentation totale.* Paris, L'Harmattan.
Poulain J. (1993 A). *La loi de vérité ou la logique philosophique du jugement.* Paris, Albin Michel.
Poulain J. (1993 B). *La neutralisation du jugement ou la critique pragmatique de la raison politique.* Paris, L'Harmattan.
Poulain J. (1998). *La condition démocratique. Justice, exclusion et vérité.* Paris, L'Harmattan.
Poulain J. (1998). *Les possédés du vrai ou l'enchaînement pragmatique de l'esprit : exorcismes philosophiques.* Paris, Ed. Cerf.
Poulain J. (2001). *De l'homme. Éléments d'anthropobiologique philosophique du langage.* Paris, Ed. Cerf.
Poulain J. (2003A). *La apuesta por la verdad. Crítica de la razón pragmática.* (W. González, Ed., & W. González, Trad.) Cali, Extremo Occidente.

Poulain J. (2003 B). *El juicio de verdad en los actos de habla.* Cali, (trad. William González), Extremo Occidente.
Quintero J. C. (2016). La dignidad humana en la justicia transicional. Más allá de una garantía constitucional. En J. A. Gómez (Ed.), *Estudios de derecho constitucional contemporáneo* (págs. 399-415). Bogotá, Ibáñez.
Radhakrishnan & Raju P. (1964). *El concepto del hombre. Estudio de filosofía comparada.* México D.F, Fondo de cultura económica.
Rosanvallon P. (2006). *La contre-démocratie. La politique à l'âge de la défiance.* Paris, Seuil.
Rosanvallon P. (2008). *La légitimité démocratique. Impartialité, réflexivité, proximité.* Paris, Éditions du Seuil.
Safouan M. (1992). Il n'y a qu'un sujet qui parle : Psychanalyse et interdisciplinarieté. D. Weil J.-P. Vernant, J.-L Nancy, M. Safouan, A. Michels, & D. Desjeux (Ed.), *Homme et Sujet. La subjectivité en question dans les sciences humaines* (p. 115-134). Paris, L'Harmattan.
Sartori G. (2009). *La democracia en 30 lecciones.* Bogotá, Taurus.
Searle J. (1986). *Actos de habla.* Madrid, Catedra.
Shearn S. (2013). Crítica moral y la defensa de la teodicea. Estudios Religiosos, 49 (4), 439-458. doi: http: //dx.doi.org/10.1017/S0034412513000164
Schmitt C. (2009). *El concepto de lo político.* Madrid, Alianza.
Schlink B. (1984). *Freiheit durch Eingriffabwehr-Rekonstruktion des klassischen Grunderchtsfuktion* . EuGRZ.
Stieglitz J. (2002). El descontento con la globalización. in J. Stiglitz, E. Morin, C. Castoriadis, M. Castells, Z. Bauman, A. Cortina, & F. G. Isaza (Ed.), *Pánico en la globalización* (págs. 57-88). Bogotá, Fundación para la investigación y la cultura.
Tocqueville A. (2010). *La Democracia en América.* Madrid, Trotta.
Tugendhat E. (1998). *Ser, verdad y acción.* Barcelona, Gedisa.
Tugendhat E. (2002). *Problemas.* Barcelona, Gedisa.
Uexküll J. v. (1957). *Cartas biológicas a una dama.* Santiago de Chile, Zig-zag.
Weber M. (2002). *Economía y sociedad* (Segunda reimpresión ed.). Madrid, Fondo de cultura económica.

Wittgenstein L. (2000). *Sobre la certeza.* Barcelona, Gedisa.
Wolin S. (2001), *Política y perspectiva. Continuidad y cambio en el pensamiento político occidental,* Buenos Aires, Amorrortu.
Wolin S. (2008). *Democracia S.A., La democracia dirigida y el fantasma del totalitarismo invertido.* Buenos Aires, Kat

Structures éditoriales du groupe L'Harmattan

L'Harmattan Italie
Via degli Artisti, 15
10124 Torino
harmattan.italia@gmail.com

L'Harmattan Hongrie
Kossuth l. u. 14-16.
1053 Budapest
harmattan@harmattan.hu

L'Harmattan Sénégal
10 VDN SICAP AMITIE 3
BP 45034 Dakar-Fann
direction@senharmattan.com

L'Harmattan Cameroun
Tsinga/Derrière polyclinique FECAFOOT
BP 11486 Yaoundé
Jacques.koukam@harmattan.fr

L'Harmattan Burkina Faso
Villa 281, secteur 23 623, rue 14.32
Ouagadougou
zagbie@outlook.fr

L'Harmattan Guinée
Almamya, rue KA 028 OKB Agency
BP 3470 Conakry
harmattanguinee@yahoo.fr

L'Harmattan RDC
185, avenue Nyangwe
Commune de Lingwala – Kinshasa
matangilamusadila@yahoo.fr

L'Harmattan Congo
219, avenue Nelson Mandela
BP 2874 Brazzaville
deunovmikhael@gmail.com

L'Harmattan Mali
Immeuble Mgr Jean Marie Cissé
Aci Hamadallaye
BP 145 Bamako
syllaka@yahoo.fr

L'Harmattan Togo
Djidjole – Maison Amela
face EPP BATOME
02 BP 20680 Lomé
didieramela11@gmail.com

L'Harmattan Côte d'Ivoire
Résidence Karl – Cité des Arts
Abidjan-Cocody
03 BP 1588 Abidjan
harmattan.ivoire@gmail.com

L'Harmattan Bénin
Rue 604, (Immeuble à l'entrée
de la rue UCAO- Cite de Saint-Jean)
Cotonou
stepcorpus@gmail.com

Nos librairies en France

Librairie internationale
16, rue des Écoles
75005 Paris
librairie.internationale@harmattan.fr
01 40 46 79 11
www.librairieharmattan.com

Librairie des savoirs
21, rue des Écoles
75005 Paris
librairie.sh@harmattan.fr
01 46 34 13 71
www.librairieharmattansh.com

www.ingramcontent.com/pod-product-compliance
Lightning Source LLC
LaVergne TN
LVHW021210061026
849535LV00008B/2663